AF276529

Quiero ser santo

SANTIAGO ALBERIONE

Quiero ser santo

Mayorino Vigolungo,
apóstol de la buena prensa

SAN PABLO

© SAN PABLO 2026
   Protasio Gómez, 11-15. 28027 Madrid
   Tel. 917 425 113
   secretaria.edit@sanpablo.es - www.sanpablo.es

Distribución: SAN PABLO. División Comercial
Resina, 1. 28021 Madrid
Tel. 917 987 375
ventas@sanpablo.es
ISBN: 978-84-285-7491-4
Depósito legal: M. 123-2026
Impreso en Artes Gráficas Gar.Vi. 28970 Humanes (Madrid)
Printed in Spain. Impreso en España

Presentación

En tiempos pasados, la transmisión de la fe se llevaba a cabo de una forma natural, espontánea, de padres a hijos. Una de las primeras cosas que hacían el padre o la madre era enseñar a sus hijos a santiguarse, a rezar el Padrenuestro, el Avemaría, el Gloria al Padre, el Jesusito de mi vida… Era algo tan natural como enseñar a hablar. Luego llegaba la escuela, donde el clima religioso continuaba, también como algo normal, no solo a través de las clases de Religión, sino también con las oraciones al comienzo de las clases, la conmemoración del mes de mayo y otras prácticas que contribuían a mantener el clima religioso de los chiquillos. Después llegaba la catequesis, que les ayudaba a profundizar y a personalizar lo que se había recibido de manera elemental. Pero había ya una semilla.

En nuestros días han cambiado mucho las cosas: lo religioso es tabú y a los niños no se les enseña nada que tenga que ver con la religión, ni en la familia, ni en la escuela, ni en ningún sitio… por lo que llegan a la adolescencia, a veces, sin ni siquiera haber oído hablar de Dios, sin siquiera haber aprendido las oraciones elementales, los rudimentos de la historia bíblica o el comportamiento cristiano.

Naturalmente, hay honrosas excepciones, sobre todo en familias vinculadas a las parroquias o a algún movimiento religioso. Luego, en la práctica, el ambiente descristianizado puede conseguir que muchos adolescentes, nacidos en estas familias, se dejen arrastrar por la corriente del ateísmo o, más generalmente, de la indiferencia y se alejen de la práctica que han aprendido en casa. Es verdad que, de todas formas, la semilla recibida ahí queda, y antes o después germinará para hacer recapacitar a esos adolescentes, tal vez cuando alcancen la edad adulta... Por eso, actualmente, la única forma de crear alguna inquietud religiosa y transmitir la fe a muchos adolescentes, en la mayoría de los casos, es a través del testimonio de algunos coetáneos que se han distinguido por su extraordinaria fidelidad a la fe y a la práctica cristiana, en todas sus manifestaciones, independientemente de cómo hayan recibido esa fe.

Recientemente, hemos vivido una auténtica «revolución», en sentido positivo, provocada por la canonización de Carlo Acutis, un adolescente italiano, que supo responder a las llamadas del Espíritu, convirtiéndose en un santo de nuestros días, con todas las características propias de los adolescentes de nuestro tiempo, incluida la afición a la informática, al uso de internet..., donde descubrió la oportunidad de poner todo eso al servicio del Evangelio. Junto a él fue canonizado también otro joven italiano, Pier Giorgio Frassati, cristiano comprometido, estudiante, alpinista, perteneciente a varias instituciones de la Iglesia.

Esta canonización, realizada por León XIV, ha hecho recordar también una lista de adolescentes –ya larga, afortunadamente– que, en la Iglesia, han sido reconocidos como ejemplos de fe y de vida cristiana para todos, pero de manera específica para los adolescentes, que pueden descubrir en ellos modelos para encontrar el camino de una vida plena, llena de sentido, que no encuentran en ningún otro lugar. Y cuánta necesidad hay de este descubrimiento, en una sociedad vacía, desorientada, que busca su satisfacción en veleidades y sucedáneos, que lo único que proporcionan es una insatisfacción cada vez mayor. Lo demuestra el creciente número de suicidios de jóvenes y adolescentes, sobre todo en nuestros países occidentales.

Justificación de la edición

Esto nos ha movido a presentar la biografía de Mayorino Vigolungo, otro adolescente, pocos meses más joven que Carlo Acutis, que manifiesta con el testimonio de su paso por este mundo que descubrir un ideal por el que entregar la vida puede satisfacer y dar pleno sentido a la existencia de una persona, en concreto, a la de un joven o adolescente.

El autor de esta biografía es nada menos que el beato Santiago Alberione que, siendo un joven sacerdote, conoció a Mayorino cuando este tenía seis o siete años, y lo acompañó y lo siguió hasta su muerte. Apenas esta sucedió, el fundador de la Familia Paulina se consideró obligado a escribir una biografía que diera testimonio de este jovencito, uno de sus primeros alumnos, que podía servir de modelo para todos los que vinieran después.

El librito fue editado por la Escuela Tipográfica[1] (futura Sociedad de San Pablo) con el título: *Mayorino Vigolungo, aspirante al apostolado de la buena prensa*, con la aprobación diocesana firmada por el canónigo Francisco Chiesa, el 29 de julio de 1919. Es decir, se publicó un año después de la muerte de Mayorino. Después tendría numerosas reediciones y traducciones a otras lenguas.

Creemos que merece la pena esta publicación, porque, además de ser un testimonio, de primerísima mano, de la figura de Mayorino, un adolescente realmente excepcional, constituye también el más sencillo y convincente ejemplo de la pedagogía del padre Santiago Alberione, la demostración vivida de la validez de su método y de sus frutos.

El mismo padre Alberione explicaba el motivo de esta biografía al obispo de Alba, monseñor Carlo Stoppa, con ocasión de la apertura de la causa de beatificación y canonización de Mayorino:

Desde el día en que la divina Providencia recogió del pequeño núcleo de la Sociedad de San Pablo la primera flor del apostolado de las ediciones, Mayorino Vigolungo, tuve siempre en el alma el deseo ardiente de iniciar el proceso de beatificación, seguro de sus virtudes heroicas y de su santidad poco común. Con esta conciencia, después de haber orado y consultado con los superiores eclesiásticos, en 1918 recogí sus recuerdos y sus santos ejemplos de virtud en una breve biografía. La gracia de

---

[1] *Escuela Tipográfica Pequeño Obrero* era el nombre completo que el padre Alberione quiso dar al primer núcleo de seguidores, todos adolescentes, a los que, al poco tiempo de abrirse, se sumó también Mayorino Vigolungo.

Dios fecundó todo: la fama de santidad, la admiración y la devoción a Mayorino Vigolungo crecieron poco a poco con el desarrollo de la Familia Paulina, de manera que el jovencito siguió siendo el *modelo ideal* para todos los alumnos paulinos[2].

Así, Mayorino, «la primera flor del apostolado de la prensa», dotado de un estilo nuevo y verdaderamente ejemplar, debía proponerse como modelo también a los jóvenes de nuestro tiempo; y esto como respuesta a una llamada vocacional, cuya urgencia se hacía sentir cada vez más, a medida que pasaban los años.

Pero no era menos importante la función educativa del libro en los centros vocacionales paulinos. Es significativa la insistencia con la que el padre Alberione recomendaba a los formadores y aspirantes de sus comunidades la lectura de la «pequeña vida» –como él la llamaba– de Mayorino. Consideraba que esta biografía debía convertirse casi en el «libro de texto» para la acción educativa de los jóvenes, especialmente en la etapa de la adolescencia. Resulta llamativo que, durante sus visitas a las comunidades más lejanas, desde Japón hasta las Américas, una de las recomendaciones más recurrentes del fundador fuera esta:

Leed, meditad la vida de Mayorino. Haced vuestro su ardor por el apostolado y su propósito de santificación: «Progresar un poquito cada día».

---

[2] Carta del 9 de diciembre de 1961.

Pero la valoración que el padre Santiago Alberione hacía de Mayorino no se basaba solo en consideraciones pedagógicas, sino, sobre todo, en una sincera admiración y devoción de carácter personal y en una firme convicción de la santidad del jovencito. A ella había aludido ya el fundador en su homilía fúnebre, declarando ante el féretro del joven la santa envidia que sentía por él y el deseo de estar en su lugar ante la presencia de Dios.

Aunque ya antes, el joven sacerdote Timoteo Giaccardo, que había sido su maestro, dio testimonio de su devoción a Mayorino. Es conmovedora la nota escrita en su diario, el 30 de julio de 1918, tres días después de la muerte de Mayorino:

> La muerte de mi querido compañero Mayorino me impresiona profundamente: la separación, su sepultura, su tumba; me impresiona especialmente su muerte: la consideración de que yo estoy todavía tan lejos de él, sin espíritu, me conmueve y me hace llorar. Por otra parte me estimula a la oración y propongo intensamente: sí, lo que vale la pena es llegar a ser santo y morir bien; por tanto, amor de Dios; por tanto, humildad; por tanto, mortificación; lo quiero, lo determino. Ayúdame, querido Mayorino, ayuda a tu pobre maestro a llegar a ser santo, a unirse a ti en el cielo con María, con san Pablo, con Jesús[3].

Seis meses antes, cuando Mayorino aún gozaba de buena salud, el propio Timoteo Giaccardo había admirado una breve conferencia sobre la virtud de la caridad

---

[3] T. GIACCARDO, *Diario*, San Paolo, Cinisello Balsamo 2004, 165-166.

que el muchacho de Benevello había dirigido a sus compañeros de la Escuela Tipográfica. Esta es la nota escrita en el diario del maestro, en forma de oración: «Gracias, mi amado Jesús, por el sermoncito de Mayorino sobre la caridad fraterna»[4].

Las raíces de Mayorino

A principios del siglo XX la vida en Benevello transcurría según los ritmos de la civilización rural: intensas semanas de trabajo agrícola; vida sencilla; tañido de las campanas, invitando a la Misa y a las Vísperas; corrillos los domingos sobre las historias de familias felices por algún nuevo nacimiento o bien probadas por las desgracias. Pocas veces llegaba hasta allí el eco de los acontecimientos políticos que sacudían las ciudades de la llanura, aunque a veces fueran sensacionales.

En Roma, en 1903, se había apagado el faro de León XIII, el papa que intentó conciliar la visión cristiana de la política con la visión socialista y liberal. Y había sido elegido para sucederle Pío X, que pronto daría comienzo a un movimiento de recuperación espiritual en toda la Iglesia, comenzando con un retorno al Evangelio, a la liturgia y a la devoción mariana... Por eso, consagró el año 1904 a la Virgen Mediadora de todas las Gracias, para conmemorar el quincuagésimo aniversario de la proclamación del dogma de la Inmaculada Concepción.

---

[4] *Ib*, 128.

En ese mismo año, y en ese preciso clima eclesial, el 6 de mayo, en Benevello, nació Mayorino, el tercer hijo del matrimonio Vigolungo.

Los Vigolungo eran conocidos, en el pueblo y sus alrededores, por su carácter fuerte y emprendedor y por su apego a la parroquia. El abuelo Juan, conocido como «Juanín de la iglesia», había servido a su pueblo como albañil y experto cantero: la elevada aguja del campanario de Benevello es obra suya, así como otras audaces construcciones en los pueblos cercanos.

Su hijo Francisco, el padre de Mayorino, había heredado esa misma pasión. Desde adolescente demostró habilidad y gran creatividad, diseñando su propia casa, que construyó como preparación para su matrimonio. Era un hombre leal, justo y religioso y prestó incluso su servicio gratuito como sacristán. Propietario de 14 «jornadas» de tierra (poco más de cinco hectáreas) que había heredado, se dedicaba al trabajo temporero y ayudaba a otros agricultores. Durante el invierno, bajo el porche de su casa, se afanaba en diversos oficios: carpintero, zapatero, cestero... Además, como era propietario de un caballo y un carro, le pedían frecuentes servicios, que él prestaba a menudo, también al párroco.

Cuando tenía 27 años, en 1891, Francisco Vigolungo se casó con Rosa Proglio de Arguello, que murió dos años después, dejándole un hijo, bautizado con el nombre de Juan, como su abuelo paterno. En abril de 1897, Francisco, viudo a los 33 años, se volvió a casar con Secundina Caldellara, de Benevello, una mujer de carácter generoso y dulce, que, con 22 años recibió el consejo casarse con el joven viudo, para hacer de madre al pequeño huérfano.

Secundina era once años más joven que su marido y, en su juventud, había pensado en ser religiosa. Al final sí que llegaría a serlo; pues, cuando se quedó sola, ya anciana, fue acogida por el padre Alberione entre las Hermanas Pastorcitas. Lo cierto es que supo educar de manera admirable a Mayorino en la oración, la obediencia a los padres, el amor a la Iglesia, la educación y la higiene personal.

El ambiente de la casa de los Vigolungo era el típico de una familia campesina de aquel tiempo: laboriosidad, fidelidad a los compromisos religiosos, cordialidad con los vecinos y, en general, con todo el pueblo.

En 1901 nació una niña, a la que su padre llamó Rosa, en memoria de su primera esposa, aunque siempre la llamaron Rosina. Así que la familia Vigolungo estaba ya formada por cuatro personas cuando nació nuestro Mayorino. A él le siguieron después su hermana Pierina, que sería religiosa (nacida en 1908), y su hermano pequeño, Segundo (en 1910).

Mayorino fue bautizado el 8 de mayo por el padre Luis Brovia, sacerdote recio, considerado el patriarca del pueblo. De 55 años, fue párroco de Benevello durante más de 25, y allí introdujo a la fe y a los sacramentos a toda una generación de feligreses. Dirigió también con pericia la comunidad de las Adoratrices del Sufragio y la escuela municipal. Los domingos solía invitar al padre Santiago Alberione, director espiritual del seminario, a la Misa, las confesiones y otras actividades. Y cuando, en 1914, el joven Alberione fundó en Alba la

Escuela Tipográfica Pequeño Obrero, el padre Brovia se alegró de poder presentarle los mejores adolescentes del pueblo, entre ellos Mayorino Vigolungo, que en realidad fueron los pioneros de la Familia Paulina.

En la primavera de 1923, cuando el padre Alberione, exhausto por el trabajo y presa de la tuberculosis, se vio desahuciado por los médicos, el padre Brovia lo acogió en su casa parroquial, hasta su completa curación.

Algunos datos biográficos

La biografía de Mayorino Vigolungo, escrita por el padre Alberione, encierra una importancia especial porque no solo describe las virtudes del jovencísimo discípulo del fundador, sino que demuestra la eficacia de sus métodos educativos. Y Mayorino es el fruto excelso de ese esfuerzo.

El fundador tuvo oportunidad de conocer bien el alma de su alumno, ya que lo acompañó desde que tenía seis o siete años, en Benevello, pero, sobre todo, durante el tiempo que Mayorino estuvo en su grupito de Alba, hasta que murió en su pueblo. Y aunque siempre ponderó mucho las virtudes del jovencito, declaraba que su testimonio sobre el muchacho era desvaído respecto a lo que fue en realidad su santidad, demostrada sobre todo en los 18 meses que pasó en la Escuela Tipográfica, a pesar de las condiciones difíciles de aquellos primeros tiempos.

Nacido en Benevello el 6 de mayo de 1904, recibió el Bautismo dos días después con los nombres de Mayor (nacido en mayo) y Segundo (en honor del patrono de la parroquia). Siempre lo llamaron Mayorino.

Por su inteligencia precoz, a los seis años fue admitido a la escuela, que tanto ansiaba. Ese mismo año recibió los sacramentos de la Reconciliación y la Eucaristía. Enseguida se hizo monaguillo, lo que le permitió conocer al padre Alberione, que iba a Benevello a ayudar al anciano párroco, el padre Brovia. Hacia los 12 años, con el permiso de sus padres, dejó los campos y a su familia para seguir al padre Alberione en la obra que acababa de comenzar, denominada entonces *Escuela Tipográfica Pequeño Obrero*, futura Sociedad de San Pablo. Superadas algunas dificultades familiares[5], el 15 de octubre de 1916 entró en el pequeño grupo del padre Santiago Alberione, aceptando con gran fortaleza su sentimiento por dejar a su familia, porque era más fuerte su ideal de ser religioso, sacerdote y apóstol de la buena prensa.

Bajo la guía espiritual del fundador, y con la ayuda de su asistente, el joven Timoteo Giaccardo, Mayorino se lanzó tenazmente, y con la ayuda de la gracia, a la aventura que el padre Alberione le había propuesto: prepararse para su futuro apostolado. Con sus palabras y con su ejemplo, animaba, incluso, a sus compañeros.

Su esfuerzo y la tenacidad de su voluntad por corregir sus pequeños defectos debilitó lentamente su físico robusto. Después de 18 meses de estancia en la Escuela

---

[5] El hermano mayor, que era la ayuda principal de su padre, había sido llamado a filas y tuvo que alistarse en el ejército; por su parte, Francisco, el padre, había sufrido una seria enfermedad y, aunque estaba bastante recuperado, aún no contaba con demasiadas fuerzas. El hermano menor era demasiado pequeño. Por lo tanto, solo Mayorino representaba una esperanza para la familia, en ese sentido.

Tipográfica, enfermó de pleuritis, lo que le obligó a dejar su amado instituto para ir a su casa a restablecerse. Su oración era: «Hágase tu voluntad, Señor». Después de una ligera mejoría, se vio afectado por una meningitis fulminante, que en pocos días lo llevó a la tumba.

El padre Alberione le administró la Unción de los enfermos que había solicitado. Cuando el fundador le preguntó: «¿Quieres curarte o ir al cielo?». Él respondió decidido: «Quiero hacer la voluntad de Dios». Cuando sus compañeros acabaron de hacer un triduo por él, el 17 de julio de 1918, ya volaba al cielo. El padre Alberione comunicó la noticia: «Ha muerto Mayorino; aunque era todavía un chiquillo, era un santo».

Personalidad dinámica y vivaz

Mayorino era un muchacho vivaz, inteligente y de carácter, que logró vencerse, mostrando plena madurez en el poco tiempo que vivió en Alba, cuando las condiciones de pobreza e inseguridad se podían vencer solo con una profunda vida espiritual. Únicamente con sus firmes convicciones y sus propósitos serios pudo Mayorino llegar al ofrecimiento de su misma vida por el triunfo del Reino a través del apostolado de la prensa, en una sociedad que, ya en aquel tiempo, comenzaba su carrera consumista y materialista de la mano del proceso de secularización.

Su deseo de ser siempre el primero, su excesiva vivacidad, algunas actitudes autoritarias y alguna travesura que mereció incluso la regañina de su padre son aspectos negativos que Mayorino superó con un gran empeño y con la obediencia ciega a su director espiritual. Su hermana Rosina recordaba que «era vivaz y autoritario, y sin embargo a nosotros no nos disgustaba». El padre Alberione supo orientar sus energías hacia el apostolado, en concreto, el apostolado de la buena prensa.

Carácter, temperamento fuerte

Por temperamento, Mayorino aspiraba siempre a cosas grandes, a ser el primero… Así se explican sus trastadas infantiles, su empeño por hacer prevalecer sus ideas… Por suerte, supo orientar positivamente todas esas tendencias, gracias a la educación recibida de sus padres –especialmente de su madre–, a la ayuda del párroco y, sobre todo, al acompañamiento del padre Alberione, que magistralmente supo abrir cauces a toda su energía natural. Seguramente le ayudó también su inteligencia precoz y su espíritu de oración, en el que lo había iniciado su madre.

Todos los que lo conocieron coincidían en afirmar que Mayorino tenía una memoria excelente, con un gran deseo de saber, que lo llevaba a atosigar a todos con sus porqués, con una fantasía extraordinaria, una actividad exuberante y, sobre todo, una enorme ambición por superar a todos en la escuela, en la catequesis, en el juego e incluso en la vida de oración. Inquieto, travieso, con una gran sensibilidad, que lo llevó a escribir en su diario: «Prometo no enfadarme», o «prometo no dejarme llevar por la ira». Siempre reaccionaba enseguida, pidiendo perdón. Y en este punto trabajó sobre sí mismo de forma extraordinaria, llegando a dominarse ante las provocaciones, en ciertas ocasiones, de manera sorprendente.

Admirables progresos en Alba

No se puede hablar de una especie de «conversión» en la vida de Mayorino. En muchos sentidos, él era ya un buen chico cuando estaba en Benevello con su familia. Ya a sus 10 o 12 años muchos lo veían «diverso» de los demás. Había crecido en un ambiente sano y religioso, con el ejemplo de vida de sus padres y con la guía de su párroco, por eso Mayorino estaba listo para recibir la gracia divina, que sabía y quería acoger con generosidad y entusiasmo, sometiéndose completamente a la obra sublime del Espíritu Santo en su alma. Habiéndose despojado de todo obstáculo egoísta y humano, se propuso alcanzar una vida de perfección.

Lo que sí es cierto es que, desde que ingresó en la Sociedad de San Pablo, se dio en él una extraordinaria transformación, cuando descubrió su ideal en la triple vocación paulina: sacerdotal, religiosa y apostólica y se volcó en él con todo su ser. En realidad, no fue un salto cualitativo, sino una escalada más intensa hacia la perfección.

El fundador le había hablado en Benevello de su proyecto cuando Mayorino tenía 12 años. La propuesta lo atraía. Pero seguirla, suponía una decisión difícil, ya que su hermanastro había tenido que ir al frente en plena guerra; el padre estaba enfermo y los otros hermanos eran todavía demasiado pequeños... Al fin se decidió. El sacrificio lo hicieron sus padres y el mismo Mayorino, que se encomendó totalmente a la Providencia.

Y así, el 15 de octubre de 1916, partió para Alba, donde estuvo 18 meses, solo con breves interrupciones para ayudar a sus padres. Allí se puso totalmente a disposición del superior, que lo inició en el camino de la santidad. La consagración a Jesús sacerdote, la devoción a la Virgen y a los santos, especialmente a san Pablo y a san Juan Berchmans, junto con los consejos discretos del director espiritual, consiguieron encender en aquella alma pura de adolescente un fervor extraordinario.

Mayorino comenzó la lucha contra su temperamento activo y los defectos que de él se derivan; este será el campo de batalla de su heroísmo. Al mismo tiempo aprendió a profundizar en la vida de oración y a ponerse completamente a disposición de la voluntad de Dios, en un abandono sereno y amoroso. Este será el tenor de vida de su adolescencia: heroísmo en la lucha contra las desviaciones de su temperamento y excelencia en la excepcional calidad de sus virtudes, practicadas siempre con vistas a su triple ideal: sacerdotal, religioso y apostólico.

En el ambiente adecuado

En la Familia Paulina, Mayorino encontró el ambiente adecuado para su progreso en la virtud y, aun sintiendo la separación de su familia, a la que tanto quería, la asumió con admirable fortaleza para seguir su vocación y su ideal apostólico.

Con profunda humildad y desconfianza en sí mismo, con fuerte confianza en Dios, docilidad a la gracia y a su guía espiritual, Mayorino cultivaba una fuerte aspiración a la santidad, utilizando todos los medios que pudieran ayudarlo a lograrla y aplicándose, con especial diligencia, al cumplimiento exacto y fiel de sus deberes, incluso en las cosas más pequeñas, valorando y santificando cada acto de su vida.

De ahí el sabio y prudente programa de «progresar un poquito cada día», hasta alcanzar la perfección, que intentaba llevar a cabo convencido de que «querer es poder». A su edad no podía todavía realizar obras extraordinarias; pero cumplió con las cosas propias de su edad de un modo poco común, ciertamente superior al propio de un chiquillo, aunque bueno y piadoso.

Allí conoció el célebre *Pacto o Secreto del éxito* del padre Alberione: un «Pacto» que hay que establecer entre Jesús y nosotros, que no somos nada y nada tenemos, que hay que presentar «en las manos de María Reina de los Apóstoles y de nuestro padre san Pablo». Cuando Mayorino lo conoció, comenzó a rezarlo todos los días para poder vivirlo con la fe que el Maestro exigía, para responder con amor al don de la Eucaristía, que era el centro de su vida espiritual.

En su breve existencia, practicó de manera extraordinaria y heroica todas las virtudes, pero lo hizo especialmente en el último período de su vida. Con un esfuerzo continuo y vigoroso, acompañado por la gracia de Dios, y ayudado por varios educadores –también ellos en camino hacia la santidad–, recorrió velozmente el camino que lleva al cielo, dejándonos a nosotros, especialmente a los jóvenes y adolescentes, un ejemplo luminoso de vida cristiana vivida integralmente con frescura, con alegría y con entrega total.

Voluntad a toda prueba

Bajo la dirección del padre Alberione, con el que tenía una confianza sin límites, comprendió cada vez mejor el ideal al que se había consagrado y puso todas sus energías intelectuales, espirituales y morales para alcanzarlo.

Es sintomática la repetición continua de este motivo:

Con la gracia de Dios y de la Virgen, quiero llegar a ser santo, gran santo, pronto santo... Dios mío, solo a ti te quiero y nada más... Es voluntad de Dios que seamos santos... Hay que decir todos los días: quiero, quiero, quiero... Jesús, ayúdame, quiero llegar a ser santo, verdaderamente santo, en serio santo, de verdad santo.

Desde que Mayorino, con apenas cuatro o cinco años, respondió enseguida a las novicias de las Hermanas Mínimas del Sufragio, que le preguntaron qué iba a ser de mayor: «Quiero ser santo», ese *quiero* se repite como un estribillo por todas partes. «Oh Jesús mío, yo *quiero* llegar a ser santo». «*Quiero* llegar a ser santo, verdaderamente santo, en serio santo, de verdad santo». «De travieso que era antes *quiero*, con la gracia de Dios, llegar a ser santo...». «Hoy [era la fiesta de la

23

Conversión de san Pablo] *quiero* convertirme también yo. *Quiero* llegar a ser totalmente de Dios». «*Quiero* llegar a ser santo, como san Expedito [esto es, de manera rápida]». Son solo algunos ejemplos.

Quiero, quiero... También se había propuesto: «*Quiero* estar siempre alegre». Un último testimonio lo encontró el padre Alberione en su libreta: lo había escrito después de los que quizás fueron sus últimos Ejercicios espirituales, en julio de 1917: «Con la gracia de Dios y de la Virgen *quiero* llegar a ser santo, gran santo, pronto santo». Y añadía: «Llegaremos a ser perfectos si repetimos todos los días: *quiero, quiero, quiero*».

Pero también *quiero* fue su última palabra en el momento del sacrificio extremo de su vida y de los tres ideales que siempre había acariciado, amado y vivido: el sacerdocio, la vida religiosa y el apostolado de la prensa. El padre Alberione le preguntó: «¿Ya no harás nada por la prensa?». Y él respondió: «Oh, si voy al cielo, *quiero* rezar mucho, mucho».

Elevada tensión espiritual

Otro aspecto de la espiritualidad de Mayorino es su tensión espiritual, su compromiso constante y generoso en hacer bien todas las cosas, incluso las más pequeñas. Muchos, entre ellos el beato Timoteo Giaccardo, pensaron que este esfuerzo continuo de su voluntad había contribuido también a debilitar su salud: «Ha muerto consumido por la lucha contra sus defectos», dijo. También el padre Alberione pensaba lo mismo, cuando expresaba la «alta tensión» de voluntad que ponía siempre en el cumplimiento de sus responsabilidades, y afirmaba que ese esfuerzo de voluntad había influido también en el deterioro de su salud. El mismo fundador había afirmado que «la santidad es una virtud de alta tensión: es el impulso, el entusiasmo, la poesía del bien... Anticipa en jovencitos imberbes la madurez espiritual de la edad adulta». Es el caso de Mayorino, una figura excepcional en su continua tensión hacia la perfección.

El padre Alberione reconoció este «exceso de tensión» hacia el ideal de la santidad y de la Familia Paulina de Mayorino, afirmando que el ardor con que perseguía su ideal era tan intenso que a veces le impedía comprender y juzgar las cosas con serenidad y tomarlas en su justo sentido. Y afirma que, por su consejo, trabajó para corregirse, mediante la oración, el examen de conciencia y la relación que hacía cada semana y cada mes. Y concluía rotundamente: «Puedo asegurar que lo consiguió».

Ansia de santidad

Desde que tuvo uso de razón, Mayorino vivió una fuerte aspiración a la santidad, y supo servirse de todos los medios que podían ayudarle a conseguirla. Su delicadeza de conciencia le hacía aplicarse con especial diligencia en el cumplimiento fiel de sus compromisos hasta en los mínimos detalles. Quería dar valor y santificar todos los momentos de la vida. Y no se trataba de unos vagos deseos infantiles o de adolescente bien educado, sino que era una afirmación convencida y vivida de una persona espiritualmente madura que cultivaba una vida orientada siempre hacia Dios. De ahí su continua ascesis, haciendo las cosas ordinarias de manera extraordinaria, con un compromiso férreo, al tiempo que con amable arrojo.

Llama la atención el ansia de Mayorino por «llegar a ser todo de Dios», «avanzar en la virtud hasta la muerte»; «es voluntad de Dios que seamos santos» –son frases suyas–. Quizás, el aspecto más característico en la vida de Mayorino es ese increíble deseo, la voluntad determinada de «llegar a ser santo» a toda costa, es decir, de vivir toda la perfección posible a su edad.

En realidad, toda su vida estuvo orientada a la santidad. Es una figura excepcional en su tensión hacia la santidad, podríamos decir un «niño prodigio» respecto a la santidad. No tenía otra aspiración. A menudo hablaba de su ideal de ser santo, y ese ideal aparecía tanto cuando rezaba como cuando jugaba.

Sin duda alguna fue, sobre todo, el padre Alberione, su superior, acompañante espiritual y confesor, a quien Mayorino se había encomendado completamente, quien le ayudó a caminar a grandes pasos en el camino de la perfección.

La voluntad de Dios, ante todo

Aprovechando los preciosos dones que Dios le había dado, y abandonándose a su acompañante espiritual, se formó una conciencia totalmente volcada a la voluntad de Dios, huyendo del mal y creciendo cada día en el amor de Dios, dándose con generosidad al amor al prójimo en un estilo de vida realmente extraordinario para un adolescente.

Seguramente la nota más llamativa en la vida de un chiquillo como Mayorino, y la que más influyó en su vida, fue su constante búsqueda de la voluntad de Dios, que se convirtió en su punto absoluto de referencia, junto a la elección de las nuevas formas de evangelización propuestas por el padre Alberione.

«Quiero hacer la voluntad de Dios» o «¡que se haga la voluntad de Dios!» son frases suyas muy frecuentes. La mayor expresión de su heroísmo, la encontramos en su aceptación de la voluntad de Dios, cuando suponía renunciar a su mayor deseo: ser religioso, sacerdote y apóstol. Y esa voluntad la llevó hasta el extremo; cuando ya muy enfermo, el fundador le preguntó cuál era su deseo, respondió con decisión: «Hacer la voluntad de Dios».

En su itinerario espiritual, Mayorino vivió tres etapas: en la primera predomina la voluntad de liberarse de los defectos; la segunda es un período de perfeccionamiento; en la tercera, imperó el completo abandono en Dios, con la indiferencia ante la muerte o una posible curación y con la única preocupación, el único interés, de hacer la voluntad de Dios.

Su santidad es, sobre todo, fruto de la búsqueda constante de la voluntad de Dios.

Fascinante celo apostólico

También llama la atención que un chaval de 12 años pudiera llegar a tener una conciencia tan viva del poder de la prensa –el único medio de comunicación que existía en su tiempo– en la vida de la sociedad y su importancia como el medio más poderoso para difundir el Evangelio; de cómo esas ansias apostólicas se encarnan de manera única en san Pablo, quien, si pudiera volver al mundo, se agarraría a ella, y a los nuevos medios, para combatir el mal, para defender la Iglesia y para llevar el Evangelio hasta los últimos rincones del mundo.

Sentía un ardor casi increíble por las almas, a las que debía ayudar mediante la buena prensa, siguiendo el ejemplo luminoso del fundador. En sus ejercicios de redacción, con frecuencia se oía palpitar el corazón del jovencito del amor por el apostolado de la prensa, que es una expresión de caridad eminente.

La intuición apostólica del padre Alberione se encarnó en el pequeño Mayorino de tal forma que le hizo descubrir en ella una gran misión, eminentemente sacerdotal, que exige todo el espíritu religioso, al que se asocia la vida más activa y dinámica que se pueda imaginar, y por la que merece la pena entregar toda la vida. Cuando Mayorino descubrió ese ideal «ya no pensó más en nada que no fuera o no lo guiara hacia él –dice el fundador–. Se aferró a él con tanta fuerza, con tanto amor, que desde la mañana hasta la noche lo tenía en su mente, en su corazón, en sus labios».

Un ramillete de virtudes

Una naturaleza tan rica como la de Mayorino se habría podido desenvolver en sentido positivo o negativo. Ya lo advirtió a sus padres la maestra Pusineri: «Este chiquillo os dará muchos consuelos o muchos disgustos; depende de cómo lo eduquéis». Y también: «Ese chico o llega a ser un gran santo o un gran bribón». Por suerte, desde pequeño había sido educado en su familia en el espíritu de oración. Por su parte, el padre Alberione, cuando iba todos los domingos a Benevello, lo exhortó a confesarse, primero una vez al mes, después incluso dos. Este contacto frecuente con la gracia, lo orientó cada vez más hacia las cosas de Dios. A esa época se remontan sus frases: «Quiero llegar a ser santo» y «seré sacerdote para predicar y salvar almas».

Entre las cualidades más sobresalientes del jovencito está la delicadeza interior, fomentada por la educación recibida de su madre. Una anécdota: un monaguillo, compañero suyo, quería llevar el incensario, y dejó caer en el bolsillo de Mayorino cien liras. Sin dudar, él las entregó al párroco. Es notable su horror a la blasfemia y a la profanación del domingo: lo había aprendido de su padre, que el sábado trabajaba hasta última hora, con tal de respetar el descanso dominical. Su delicadeza le ayudaba a identificar las malas compañías, de las que huía instintivamente.

Otro aspecto relevante era su absoluta sinceridad: nunca decía mentiras, ni siquiera en broma. Un día la maestra, mientras explicaba Matemáticas, planteó un problema: «Yo tengo cuatro gallinas...». Mayorino rompió enseguida el silencio, gritando: «¡No es verdad, no es verdad!».

En otra ocasión, después de un funeral, un señor se presentó en la sacristía para darles una propina a los monaguillos. El que llegó al principio recibió más que los otros. Cuando el señor salió, Mayorino abordó al compañero para que igualara las propinas, ya que el servicio había sido idéntico; lo contrario hubiera sido una ofensa a la justicia.

Esta lealtad se la había inculcado su madre. Él la amaba entrañablemente. Lo demostró cuando ella enfermó y tuvo que guardar cama. Mayorino no se daba sosiego. Una noche, después de rezar todos juntos en familia, él se quedó todavía de rodillas rezando por ella. De veras era un chico dotado de grandes dotes naturales, pero favorecido de manera singular por la gracia.

Su espíritu de oración era edificante; se notaba desde que entraba en la capilla y en su compostura durante la oración. Se preparaba con fervor para la comunión, se aferraba con fuerza a la dirección espiritual y a la confesión semanal, era fidelísimo a la «Visita eucarística» y, entre clase y clase, aprovechaba la ocasión para hacer breves visitas al Santísimo. Su fe no solo tenía como objeto las verdades reveladas, sino que comprendía, sobre todo, una plena adhesión al espíritu del «Pacto» propuesto por el padre Alberione, que consiste en un total abandono en Dios, con el compromiso diario de entrega total a Jesucristo, mediante la oración, en una vida vibrante de amor manifestada en el apostolado. Mayorino le dijo al fundador: «Yo tengo esta fe que usted ha explicado».

Efectivamente, su fe era profunda, como atestigua el mismo padre Alberione, cultivada con la lectura de libros adecuados e iluminada por la luz del Espíritu Santo, que habitaba en el alma pura de Mayorino. Era extraordinario el nivel de su vida de oración, especialmente en lo que respecta a la oración eucarística, que era el centro de su vida espiritual.

Su amor a Dios lo purificó de sus debilidades y lo llevó a su adhesión plena a la voluntad de Dios y a la transformación de su vida, que quedaba sobrenaturalizada en su conjunto y en los detalles. Naturalmente, este amor a Dios se manifestaba en el servicio a los demás, especialmente a los enfermos y necesitados, pero, sobre todo, en el buen ejemplo y en la entrega al apostolado de la buena prensa, que realizaba feliz por poder comunicar la fe a miles de personas, a través de él. «Cuántas gracias debemos dar a Dios –decía–, que nos da la ocasión, a nosotros, tan pequeños, de hacer un bien tan grande. ¿Qué predicador tiene tantos oyentes?».

No hablaba nunca mal de nadie, quería el bien de todos. Su amor a los demás se manifestaba a veces de manera heroica para su edad, por ejemplo, perdonando ofensas, prestándose generosamente a ayudar a sus padres, ofreciéndose a cantar en la iglesia, ayudando a Misa, cediendo en el juego y, sobre todo, en su lucha contra los impulsos de la soberbia.

Quería que lo observaran para que le corrigieran sobre todos sus defectos. Era temperante en todos los aspectos de la vida comunitaria, como las comidas, en las que se imponía algunas renuncias, que le valieron alguna observación; soportaba con valentía las incomodidades del frío en invierno. Llegó a prescindir del colchón para imitar a su superior, el padre Alberione, que se lo había dejado a un soldado necesitado.

Mención especial merece su pureza. No parece que tuviera dones especiales, y por tanto tuvo que vivir las dificultades propias de la adolescencia en este punto, pero su intuición sobre la fealdad del mal, unida a la oración, a la vigilancia y la devoción a la Virgen, le ayudó a superar todas las tentaciones. Incluso a su madre, cuando ya estaba enfermo, le recomendaba delicadeza con su cuerpo ya que «era el de un futuro sacerdote». Huía de las ocasiones, era consciente de sus límites y defectos, repitiendo sus propósitos de vencer la soberbia, de no enfadarse, de no excusarse. Nunca hablaba de sus logros y capacidades.

La obediencia de Mayorino es proverbial. Él siempre fue obediente y respetuoso con sus padres, con el párroco, con sus maestras... Cuando veía a su madre disgustada, le pedía perdón de rodillas. Cuando entró en la Escuela Tipográfica ejercitó la obediencia de manera edificante. Sus frases más frecuentes: «Haré lo que diga el Teólogo [el padre Alberione]», «le preguntaré al Teólogo», «lo haré si lo dice el Teólogo», «hay que ver antes si al Teólogo le gusta»... Escribió en su libreta: «Obedeceré en todo a nuestros superiores o, mejor, secundaré incluso sus deseos más sencillos». Mayorino pidió permiso al fundador para hacer voto de obediencia, y se lo daba semana a semana.

Al principio estaba ansioso por ser el primero entre sus compañeros –pequeñas aspiraciones humanas–, tenía salidas improvisas e intolerantes –una vez lanzó una piedra a una compañera que lo estaba molestando–, discutía con sus compañeros cuando jugaba... Pero apenas se puso bajo la guía experta de un buen forjador, se hizo más tranquilo, dominando su carácter, por lo que no reaccionaba ni siquiera cuando alguno se burlaba de él por su vida fervorosa, y no discutía defendiendo sus ideas.

Su programa de vida era realmente heroico, sobre todo, en un chiquillo de 14 años; porque lo vivía de manera continua y cada vez más perfecta, lo que conseguía gracias a la anulación de sí mismo en la observancia de una vida de oración, de obediencia completa, de aceptación serena de los sacrificios y de la lucha continua contra las pequeñas deficiencias humanas.

Al final, cuando Mayorino enfermó gravemente, al padre Alberione que le preguntó si quería curarse o ir al cielo, le respondió: «A mí me da lo mismo. Que se haga la voluntad de Dios». No era la espiritualidad idealista de un adolescente en un momento de euforia, sino la afirmación convencida de una persona ya madura en la vida cristiana, que vive en esta tierra, casi sobrenaturalmente, en el Espíritu de Dios, al que dentro de poco contemplará en la vida eterna.

Mucha gente ha acudido a su intercesión y ha obtenido gracias temporales y espirituales. A él se le atribuyen, por ejemplo, numerosas vocaciones consagradas.

Santos menores de edad

Actualmente asistimos al crecimiento del número de creyentes, y también de santos canonizados, podríamos decir «menores de edad» –que, por otra parte, ya se dieron en los primeros siglos: recordemos a santa Inés, san

Tarcisio y otros–. Solo por recordar algunos de los más conocidos: santa María Goretti, santo Domingo Savio, los santos Francisco y Jacinta Marto, san José Luis del Río, y últimamente san Carlos Acutis...[6].

Precisamente la cuestión de la posibilidad de santidad en los adolescente tuvo suspendida por un tiempo la causa de Mayorino –ya antes había tenido que superar otro obstáculo: el del excesivo tiempo transcurrido desde su muerte, que el padre Alberione tuvo que justificar de forma sencilla declarando que había estado totalmente absorbido con sus fundaciones–. La resolución positiva el 24 de marzo de 1981, reconociendo que sí es posible la santidad en la edad adolescente, dio vía libre al proceso de Mayorino. Ya Pío XII había dicho que «puede haber niños santos». Y Pablo VI declaró: «La santidad, también la que merece el reconocimiento universal de la Iglesia, es posible para la juventud».

La pedagogía del padre Alberione

Merece la pena destacar el característico estilo pedagógico del padre Alberione, que mandó a Mayorino que escribiera en su libreta: «Es voluntad de Dios que

---

[6] A propósito de esto, es sorprendente el paralelismo entre Domingo Savio y Mayorino Vigolungo: los dos de origen piamontés; los dos se abrieron a la acción de Dios a los 12 años, bajo la dirección de un gran fundador: san Juan Bosco y el beato Santiago Alberione, respectivamente; los dos murieron a los 14 años en su casa y los dos tuvieron como biógrafos a sus fundadores... Una gran diferencia es que Domingo Savio ya desde pequeño tenía una índole humilde, en un físico débil, mientras que Mayorino era un chico bien dotado, deportista, de temperamento dinámico e impositivo, despierto e inteligente, aunque noble y leal, pero, en todo caso, lejos de la perfección que lograría más tarde y que requería su ideal de santidad.

seamos santos... Hay que decir todos los días: quiero, quiero, quiero... Querer es poder».

Lo cierto es que el maestro encontró en Mayorino un alumno especial y, a su vez, el maestro tuvo en él al alpinista obediente y voluntarioso sabiamente animado a cualquier salto en la ardua subida a las cumbres de la santidad. El lema del maestro se transformó para Mayorino en un propósito firme: «De ahora en adelante quiero progresar un poquito cada día».

Junto a las muchas virtudes hermosas de Mayorino, el padre Alberione no omitió hablar también de los defectos de este muchacho de carácter, a quien tuvo que recomendar, por ejemplo, la calma y la serenidad en el momento de insistir en sus puntos de vista...

Es un hecho que el joven aspirante paulino tuvo maestros insignes por santidad y experiencia, y en un clima especialmente fervoroso, como es el de los orígenes de una familia religiosa: el padre Alberione, Timoteo Giaccardo, el canónigo Chiesa, la Maestra Tecla... En la escuela de estas almas de Dios, tan santas como expertas en las cosas del espíritu, Mayorino aprendió que «quien quiere llega a ser santo» y que basta con «dejar vivir a Jesús en uno mismo».

Una figura muy actual

Es verdad que Mayorino vivió a principios del siglo pasado, por tanto, hace ya más de cien años, y que su tiempo era muy diferente del nuestro –imaginemos si en su tiempo hubiera dispuesto de internet y de las redes sociales...–. Sin embargo, los valores que lo caracterizaron tienen hoy la misma actualidad que cuando él vivió.

Por eso merece la pena redescubrirlo situándolo en nuestro contexto, ya que su mensaje y su testimonio podrían responder a muchos interrogantes e inquietantes cuestiones que los jóvenes se plantean hoy. Al mismo tiempo presenta esas metas de perfección y libertad que llevan a la realización profunda que, más o menos conscientemente, desean. Un obispo contemporáneo, Enrico Bartoletti, escribió: «Su juventud y el grado de perfección que alcanzó son un signo elocuente de la acción del Espíritu Santo... el compromiso ascético y las virtudes que caracterizaron la breve existencia de Mayorino Vigolungo ayudarán a los jóvenes a redescubrir el sentido de la vida cristiana, el valor de la inocencia y la pureza de corazón, el sentido de la verdadera vocación y la llamada evangélica a la donación silenciosa y total». Una reflexión que anima al conocimiento del venerable, de su espiritualidad, de su espíritu de oración y de su entrega de amor sin límites a Dios y a los hombres.

Pero su actualidad está, de manera muy especial, en su castidad, fruto de la oración y la penitencia, modelo para adolescentes y jóvenes que, en esos años tan importantes de su vida, se ven envueltos en una crisis irreversible de valores. Por eso hace falta proponer a nuestra sociedad, y especialmente a los más jóvenes, estilos de vida diversos de los que ofrece la sociedad de consumo, que no acaban de satisfacerlos. Con los límites propios de los muchachos de su edad, se puede decir que Mayorino realizó el ideal del adolescente puro, generoso, dispuesto al sacrificio, constante en dar gusto a los demás y que atrae a los jóvenes por la imagen evangélica que refleja.

Esa imagen, encarnada en un chiquillo de catorce años, en el que el compromiso de la santidad se enraíza en el amor a Jesús, en una vida de trabajo, con la alegría serena y contagiosa de los puros, puede ser muy adecuada para impresionar a nuestros jóvenes desde la adolescencia y para que se enamoren de un ideal hermoso de santidad, accesible a todos. Escribía el cardenal Gracias en su carta de recomendación enviada al Santo Padre:

> En una época en la que los jóvenes del mundo entero se dejan corromper dolorosamente por el influjo de las malas lecturas y mientras en muchas naciones escasean las vocaciones, la causa de beatificación de Mayorino Vigolungo, tan celoso de la difusión de la buena prensa y de las vocaciones, parece una de las más urgentes.

Otro aspecto importante de su actualidad es el de llamar la atención, de eclesiásticos y laicos, sobre el valor del acompañamiento espiritual que, en nuestro caso, se manifestó determinante para Mayorino, ya que, gracias a él, alcanzó en poco tiempo grandes cimas. Se propone hoy, pues, como modelo para los jóvenes, tan necesitados de ejemplos concretos de vida, y para todos en el empeño por desarrollar cualquier tipo de apostolado en el campo de los instrumentos de comunicación social.

El mismo padre Alberione, en un discurso del 12 de diciembre de 1961, dijo:

Hay todavía un aspecto que merece la pena subrayar: Mayorino Vigolungo es el *aspirante modelo de una vocación nueva...* una vocación que exige inteligencia, una visión amplia de las necesidades de la Iglesia y una apertura que abarca todas las formas modernas de apostolado, especialmente la prensa, el cine, la radio, la televisión [hoy añadiríamos: internet, las redes sociales]. Por eso la figura del nuevo siervo de Dios encaja en nuestro tiempo con toda su actualidad[7].

La biografía escrita por el beato Santiago Alberione

La biografía que presentamos, como se desprende de las «Dos palabritas» que titulan el prefacio del autor, estaba dirigida a un público joven. Se trata en realidad de un perfil muy sencillo y sin ningún tipo de ambiciones, de un chico igualmente sencillo, que se propone como modelo para gente de su edad. Esto explica el género literario y las características del libro.

En primer lugar, su lenguaje es elemental y su estilo sencillo, humilde, de andar por casa. Un estilo que fue siempre el del padre Alberione, deliberadamente ajeno a cualquier retórica o preciosismo. Su principal preocupación era siempre la comunicación directa de contenidos: ideas y propuestas, que se entendieran de forma inmediata y clara. Lo de menos era la forma...

En estas páginas no encontraremos, pues, originalidad ni brillantez de elocuencia, sino participación en las

---

[7] Disponible en: https://operaomnia.alberione.org/es/audio/4/?id_audiogallery=4&audio_id=1394.

realidades vitales. Es más, la terminología hagiográfica podría resultar inapropiada y tal vez un poco alejada del gusto actual. Pero ese era el lenguaje de la época en que se escribió el libro. Y, si hoy volvemos a proponerlo tal como se escribió, es porque no se trata solo de una biografía devota.

Ya se ha dicho: el *Mayorino Vigolungo* del padre Alberione es un compendio de pedagogía en acción, la ejemplificación de un recorrido educativo, que tuvo como protagonistas a un muchacho humanamente bien dotado, a un formador de gran estatura y a un Agente sobrenatural al que ambos secundaron con determinación. Un compañero de Mayorino decía que el muchacho tenía temple de montañero; solo estaba esperando un guía adecuado para él y, cuando lo encontró, se convirtió en un escalador de primera. No tuvo tiempo de subir muy arriba, pero fue suficiente para abrir un nuevo camino a los jóvenes y adolescentes.

Esta biografía no es, pues, solo un libro «para niños», es también un libro para educadores; y en este sentido, todavía puede decirles algo a los jóvenes y a los adultos sobre el difícil tema de la formación, tan deficitario en nuestro tiempo, aunque hayan pasado casi cien años desde entonces.

Aunque la obra tuvo varias reediciones, hemos optado deliberadamente por volver a proponer la primera edición del libro, la más cercana a la fuente de inspiración y la más inmediata en su redacción, aunque a veces pueda parecer obsoleta y excesivamente influenciada por el gusto de la época. Sin embargo, como en esta edición se ignoraban los acontecimientos que siguieron al funeral del jovencito, se ha decidido enriquecer la presente publicación con algunos Anexos –algunos fueron añadidos ya por el mismo autor en la edición de 1932– y con algunos elementos sobre la causa de beatificación y canonización de Mayorino, que comenzó en Alba por iniciativa del mismo padre Alberione.

Confiamos en que este libro, que tanto amaba su autor, el beato Santiago Alberione, aunque pueda considerarse como una de sus obras menores, sea acogido con el mismo favor que otras obras más sustanciosas del autor. Y que, desde el cielo, él bendiga a los lectores y a los beneficiarios de su iluminado magisterio, y a todos los que comparten su pasión por el uso de los medios modernos para anunciar el Evangelio y para promover y elevar a la persona y a la sociedad.

Mayorino Vigolungo, apóstol de la buena prensa

Dos palabritas

Queridos muchachos:

Aquí tenéis una breve y sencilla biografía del jovencito Mayorino Vigolungo, alumno de la Escuela Tipográfica, fallecido el 27 de julio de 1918.

Me parece oír enseguida una pregunta vuestra:

—¿Y qué hizo de extraordinario este muchacho para merecer que se escriba su vida?

—Pues nada de extraordinario; él era un jovencito normal, que tenía incluso sus pequeños defectos, y alguno lo llevó incluso hasta la tumba.

Pero hay en él algo que es más que normal, y es que trabajó constantemente y con todas sus fuerzas para corregir sus defectos. Es más, estuvo tan atento a observar las reglas comunes, que se convirtió en excepcional. Y aún más: Mayorino se nos presenta como un alma selecta por lo sublime de sus aspiraciones y por el altísimo grado que alcanzó en algunas virtudes y en el desapego de las cosas de la tierra.

Lo que puede parecer más extraordinario es que Mayorino, a los 13 años, había comprendido ya tan bien el apostolado de la buena prensa que superaba en este aspecto a personas mucho mayores. Y aspiraba a él y trabajaba con mucho, muchísimo empeño: cuánto amaba a Jesús.

Leedlo, pues, de buena gana: que el Señor os inspire el deseo de imitar a Mayorino y que el buen Jesús nos bendiga a todos.

Un amigo vuestro,

Santiago Alberione

1

Nacimiento y carácter

Benevello

Mayorino Vigolungo nació en Benevello (cerca de Alba, Italia), el 6 de mayo de 1904. Era hijo de Francisco Vigolungo y Secundina Caldellara.

Fue bautizado el día 8 del mismo mes.

El ambiente en el que pasó sus primeros años le fue muy favorable para una buena formación.

Benevello es un pequeño pueblo de las Langas[1], habitado casi exclusivamente por laboriosos trabajadores, de costumbres sencillas y modestas. El padre Luis Brovia era entonces párroco de aquel lugar, desde hacía muchos años, y se puede decir que había visto crecer a toda aquella generación; formándola, con bondad y celo, y con la Palabra divina, en una vida verdaderamente cristiana. Ese pueblo tuvo también la suerte de contar con maestros de Primaria verdaderamente ejem-

---

[1] Langas: zona montañosa del sur del Piamonte italiano, en la provincia de Cúneo. Limita al sur con los Apeninos ligures, al oeste con la meseta de Cúneo, al norte con el Roero y al este con Monferrato. Centro de referencia es la ciudad de Alba, en el margen derecho del río Tánaro.

plares, tanto en la escuela como en su vida privada. La familia Vigolungo, en la que creció el pequeño Mayorino, puede considerarse como una familia bendecida por Dios: había un tío que fue sacerdote, muy estimado por todos; el padre y la madre eran excelentes cristianos y tanto los hermanos como las hermanas eran personas de bien de forma natural, de piedad sincera y de mente abierta.

Dones del Señor

Mayorino fue favorecido por Dios con dones especiales: tenía una memoria eficacísima, por lo que retenía de manera consistente todo lo que aprendía en la escuela, en los libros y lo que sus padres le enseñaban de viva voz. Tenía un ingenio agudo que le permitía comprender fácilmente cosas que parecían superiores a su edad. Sentía un deseo abrumador, casi irresistible, de aprender, de entender todo bien y de llegar al fondo de las cosas. Acosaba a todos a preguntas para saber siempre el porqué de todo. Tenía una imaginación impetuosa, una exuberante actividad, una energía poco común y una tenaz inclinación a elevarse a cosas sublimes, hasta a las más arduas. Tanto es así que, bastaba que una cosa ofreciera dificultades, para que se sintiera atraído hacia ella. Precisamente eran estas mismas cualidades naturales las que, aún no reguladas del todo, degeneraban a veces en ciertos excesos o manifestaciones que constituían en realidad sus defectos.

Su alma

Ante todo, estaba dominado por tal vivacidad que a veces lo llevaba a pequeños y pasajeros altercados con sus compañeros y con sus hermanos, y a momentáneos ímpetus de cólera, a hablar fuera de lugar... En segundo lugar, pretendía imitar cuanto de brillante o ingenioso veía hacer a los demás, con tanta audacia que a veces hasta parecía extravagante: por ejemplo, cuando quería hacer de mecánico, hacerse pasar por policía o formular proyectos grandiosos.

Su alma y sus facultades necesitaban algo en que agotarse. Y de no haberlas encauzado debidamente, quién sabe en qué excesos se habrían desbordado. Con razón, dos de sus maestras le dijeron varias veces a su madre: «Mayorino os ha de dar grandes pesares o grandes consuelos, depende de cómo sea orientado».

Santas aspiraciones

Por suerte, él estuvo bien encaminado; sus energías tuvieron ante sí tantos objetivos altos y nobles, que se sintió exaltado por ellos, atraído por ellos. Y a ellos dedicó todas sus energías: «Llegar a ser santo, hacerse sacerdote de Jesús y salvador de almas, convertirse en apóstol de la buena prensa».

Habiendo fijado estos elevados pensamientos en su cabeza, todas sus energías se concentraron en ellos, a ellos dedicó todas sus fuerzas. En efecto, durante el último año de su vida, su vivacidad y su ferviente imaginación estaban completamente absorbidas por el cumplimiento de sus deberes, que desempeñaba con el mismo entusiasmo con el que, siendo niño, al ver la máquina trilladora, quería sustituir al conductor para conducirla él mismo.

En sus estudios estaba haciendo progresos muy encomiables; rezaba con un ardor de espíritu envidiable; adelantado a los tiempos, saboreaba ya su futura misión: el día en que celebraría la Misa, predicaría e imprimiría sus propios libros y revistas.

Desde que empezó a ir a la escuela y a la iglesia, Mayorino empezó a vivir de estas cosas[2].

En su alma y en su corazón no había pensamientos ni preocupaciones por esas pequeñas cosas que llenan de ordinario la vida de los niños. Estudiar el catecismo, ayudar en los servicios religiosos, aprender cantos sagrados; hacer realmente bien estas cosas. Estos eran sus pensamientos.

La educación no debe sofocar las energías, sino dirigirlas y emplearlas todas para el bien[3].

---

[2] En octubre de 1910 comenzó la escuela Primaria, con la maestra Pierina Pusineri de Ottobiano. A esa época se remontan también los primeros contactos de Mayorino con el padre Alberione, al que ayudaba en Misa todos los domingos.

[3] Tómese nota de esta afirmación, que resume de forma icónica todo el espíritu de la pedagogía del padre Alberione.

2
Casa, iglesia y escuela

Los primeros perfumes

El alma ardiente de Mayorino se abrió muy pronto a la verdad y al amor de Dios, como una flor que abre su cáliz de madrugada a la luz y al calor de los primeros rayos del sol.

Sus padres lo consideraban como un precioso regalo de Dios y como un alma que debían guiar al cielo.

Desde muy pronto comenzaron a enseñarle las verdades más elementales del catecismo, las primeras oraciones y las máximas cristianas adecuadas a su edad: le enseñaron a amar a Jesús y a la Madre celestial, a intentar ganarse el cielo, a evitar el infierno, a obedecer a sus padres...

Mayorino escuchaba atentamente, fijaba sus grandes y bellos ojos en quien le hablaba, quedaba impresionado y comprendía y retenía lo que se le decía.

Cuando lo llevaban a la iglesia, la santidad y la grandiosidad del edificio, el silencio y el recogimiento de los fieles, la belleza de las celebraciones, las palabras santas y sencillas de su párroco... todo le impresionaba y absorbía su atención. Parecía que, al menos por esos instantes, el alma de Mayorino, llena de vida, se encontraba en su ambiente. Sentía, aunque sin saber explicárselo, que solo estas cosas podían satisfacer su corazón. ¡Con qué fervor hacía entonces la señal de la cruz! ¡Con cuánto amor pronunciaba los nombres de Jesús y de María!

Va a la escuela

A los seis años de edad comenzó a ir a la escuela. En aquel tiempo la maestra era Pierina Pusineri de Ottobiano, a quien los habitantes de Benevello recuerdan con gratitud y devoción.

En su escuela se cultivaban las inteligencias y los corazones infantiles de sus pequeños alumnos. Se educaba el alma entera de los chicos.

Mayorino siempre fue uno de los más diligentes. Era puntual a la hora de asistir a la escuela, siempre se presentaba aseado, se mostraba interesado en las clases y en los trabajos, atento a todas las explicaciones y respetuoso y obediente; siempre estuvo entre los primeros.

Y esto no solo el primer año, sino también en los siguientes, o sea, cuando posteriormente cambió de escuela y de maestros.

Su memoria le ayudaba de manera excepcional; comprendía perfectamente las explicaciones: su mente casi se adelantaba a la maestra.

En los primeros grados elementales, dada la gran diversidad de caracteres, de conocimientos y de aptitudes para el estudio, los mejores se ven obligados a esperar a los más atrasados. Si Mayorino hubiera estado solo, habría podido fácilmente aprender en nueve meses las materias de dos años; y lo demostró más tarde.

Encuentro con Jesús

Había una asignatura que le resultaba especialmente agradable y fácil: el estudio del catecismo. Sabía sacar gran provecho de ella, tanto en la iglesia como en la escuela.

Por este motivo fue admitido muy pronto a la Primera Comunión[1]. Su alma se sintió ese día como disfrutando de un pedazo de cielo. ¡Se encontró con su Jesús!

Se había preparado con fervor angelical. Parecía como si aquellos días su nerviosismo y vivacidad hubieran desaparecido. Participaba en la catequesis, escuchaba las explicaciones especiales del párroco y se confesó con un dolor muy vivo y manifiesto de sus pecados.

Ese fue un día de fiesta para la parroquia y para la familia. Pero nuestro muchacho prestaba poca atención a las cosas externas. Todo lo que hacía, lo hacía en serio. La Comunión lo absorbió por completo: no veía ni sentía nada más que a Jesús. Fue de verdad un día bendito y lleno de gracia.

* * *

---

[1] A la edad de seis años, en 1910.

También el día de su Confirmación, el 20 de mayo de 1913[2], fue un día de verdadera fiesta espiritual, que absorbió todo el corazón y toda el alma de Mayorino. Lo más destacable en él era esto: jamás hacía las cosas a medias. Incluso las cosas más insignificantes, las hacía con toda su alma; hasta el mismo recreo... Así que imaginemos cómo recibió los santos sacramentos por primera vez.

* * *

Obedece de buena gana

En casa, Mayorino era generalmente obediente con sus padres y cariñoso con sus hermanos.

No es que no cayera en alguna de esas faltas que son comunes entre los chiquillos. Las suyas, sin embargo, no eran fruto de la malicia ni eran frecuentes. Además, muchas veces, arrepentido, acudía a los pies de sus padres pidiendo perdón y prometiendo enmendarse.

A menudo reparaba el mal, tratando de dar buen ejemplo a sus hermanos y enseñándoles a amar a Dios. Era conmovedor verlo a veces arrodillarse a los pies de su madre y pedir la penitencia, prometiendo enmendarse, con los ojos bañados en lágrimas.

Era fácil constatarlo: tenía un horror sacrosanto hacia lo que consideraba verdadera malicia y evitaba a toda costa las malas compañías.

---

[2] La Confirmación le fue administrada a Mayorino, junto con su hermana Rosina, en la parroquia de Lequio Berria (Cúneo).

La madre enferma

Recuerdo haber visto a su madre varias veces durante una enfermedad que la afectó cuando Mayorino tenía unos seis años.

La atendía con cariño y ternura, renunciando incluso a sus juegos habituales. Era conmovedor ver a ese niño, habitualmente alegre y vivaracho, ponerse de repente serio y quedarse pensativo, acercándole las medicinas, consolando a su madre, mostrándose solícito, interesado por la marcha de la enfermedad y alegrándose por las mejorías[3].

Inocente y alegre

A nuestro chiquillo, como a todos los demás, le encantaban los juegos infantiles e inocentes: siempre era alegre cuando estaba con sus hermanos y amigos.

Incluso cuando se trataba de divertirse, él quería y sabía ser el primero. Sin embargo, abandonaba rápidamente los juegos cuando sonaba la señal para ir a las celebraciones sagradas o a clase, o cuando la voz de sus padres lo llamaban a cumplir con sus deberes.

---

[3] «Recuerdo que un día, estando su madre gravemente enferma, vino a llamarme y me dijo con decisión: "¡Venga, Padre, venga enseguida, y con la estola!", es decir, no para una visita normal a los enfermos, sino para administrar los últimos sacramentos a la enferma» (S. ALBERIONE, *Retiro a las comunidades romanas*, 20 de diciembre de 1961).

Hacia Jesús

Era muy diligente cuando tenía que rezar sus oraciones de la mañana y de la noche. Es más, a menudo lo sorprendían retirándose a algún rincón de la casa, absorto en la oración.

En la iglesia se comportaba con una devoción edificante, algo que se notaba inmediatamente en su modo de hacer las genuflexiones y las señales de la cruz.

El párroco invitaba con bastante frecuencia a los niños a los santos sacramentos, especialmente en las fiestas principales. Mayorino respondía inmediatamente a la invitación. Es más, a veces, como comprendía ya lo importante que es la Comunión para conservar el corazón puro e inocente, se acercaba con frecuencia a la Confesión y a la Comunión.

Ayuda a la Santa Misa

Había aprendido desde muy pronto a ayudar en las celebraciones sagradas y especialmente en la Santa Misa. Era muy eficaz a la hora de desempeñar su oficio, tenía un a compostura edificante y respondía siempre con voz clara y sin cometer esos errores habituales que se oyen con tanta frecuencia en los pequeños monaguillos[4].

---

[4] Recuérdese que en aquella época la Misa se celebraba en latín, y requería múltiples intervenciones de los monaguillos en ese mismo idioma.

El pequeño predicador

Al regresar del sermón, se le vio reunir a sus hermanos y hermanas, subirse a una silla y repetirlo tan bien, que resultaba asombroso.

Más tarde, siendo ya alumno de la Escuela Tipográfica, recordaba todavía muchas de las recomendaciones de su párroco, y a veces repetía en sus sermones lo que había oído.

En uno de sus cuadernos recopiló muchos extractos de sermones que había oído con intención de servirse de ellos en el momento oportuno. En algunos se recogen incluso textualmente las expresiones de su párroco.

El pequeño cantor

Aquel párroco tan celoso –el padre Brovia– se esforzaba por conseguir que las celebraciones sagradas fueran devotas. En pocos pueblos se cuidaban con tanto fervor.

Entre otros recursos, cuidaba mucho el canto, que enseñaba a interpretar con especial expresividad. Mayorino era uno de los pequeños cantores que con más gusto participaban en la clase de canto y más la aprovechaban; porque, además, tenía una voz clara y potente.

Cuando cantaba en la iglesia, se conmovía profundamente con lo que estaba haciendo y ponía de su parte lo mejor para hacerlo bien. Bastaba observarlo cuando estaba ante el Santísimo expuesto, para sentirse invitado a la devoción. Se quedaba inmóvil, arrodillado en la primera grada del altar, con la mirada fija en la Hostia Santa, a veces incluso con el rostro iluminado. Parecería que quería emular a los ángeles del cielo.

Sed de verdad

En la iglesia escuchaba la palabra de Dios con tanta atención que nunca quitaba los ojos del predicador. El que escribe advirtió en aquel querido muchachito tanta atención que quiso saber por el párroco quién era aquel chico y cómo se llamaba. Le dijeron su nombre y buscó la ocasión de hablar con él.

Desde entonces no lo perdió de vista y, siempre que iba a Benevello, con frecuencia le preguntaba durante en la catequesis y hablaba con él cuando se lo encontraba por la calle.

El primer rayo de luz

Un día le dijo: «Mayorino, ¿has pensado alguna vez qué vas a hacer cuando seas mayor?»[5].

El muchacho se quedó algo pensativo sin saber qué responder. Algo grande se agitaba en lo más profundo de su alma, pero todavía no sabía explicarlo. En rea-

---

[5] «Un día le pregunté qué quería hacer en la vida, es decir, qué camino escoger, y como era una respuesta que debía darse después de haber orado y reflexionado largo tiempo, le sugerí que rezara tres Avemarías a la Virgen por la mañana y por la noche, para tener la luz necesaria que le hiciera conocer bien su vocación; cosa que él hizo cumplidamente. En efecto, más tarde, entró en San Pablo, con la voluntad de llegar a ser santo» (ALBERIONE, *Retiro..., o.c.*).

lidad, no podía tener un conocimiento claro de una vocación muy especial de la que nadie le había hablado todavía; se trataba de una vocación nueva. ¿Ser sacerdote? Este pensamiento le gustaba, pero no era suficiente. ¿Quedarse en la familia para trabajar las tierras con su padre? Le parecía demasiado poco para sus aspiraciones. ¿Elegir la carrera de maestro? Era una cosa buena, pero las paredes de una escuela se le antojaban demasiado estrechas para él.

* * *

Deseaba algo que uniera los atractivos de la enseñanza y del sacerdocio; no se conformaba con menos aquella alma repleta de energía. En el fondo, quería ser sacerdote-apóstol de la buena prensa. El que esto escribe así lo comprendió; pero ¿cómo explicárselo en pocas palabras a un niño, aunque fuera el más capacitado? No le hizo más preguntas, pero le dijo: «Mayorino, reza cada noche tres Avemarías a la Virgen; ella te guiará por el camino que Dios quiere que sigas».

Mayorino fue fidelísimo en esta tarea; y a María nunca se le reza inútilmente.

3
En la Escuela Tipográfica[1]

El rey de los tiempos

La misión de la prensa es hoy tan importante que monseñor Ketteler[2] no dudó en decir, refiriéndose al primero de los apóstoles: «Si san Pablo viviera ahora, sería periodista». San Pablo, si pudiera volver al mundo, se serviría hoy del medio más poderosos para difundir el Santo Evangelio, combatir el mal y defender a la Santa Iglesia. En nuestros días la prensa es el medio más eficaz[3]. Papas y obispos, sacerdotes y laicos, estadistas y filósofos, y la misma razón y la experiencia así nos lo enseñan.

---

[1] Sobre todo este tema, véase el extenso informe del padre Alberione en el boletín Unione Cooperatori Buona Stampa, del 15 de julio de 1921 (cf *La primavera paolina* 137-149; *L'Apostolato dell'Edizione*, San Paolo, Cinisello Balsamo 2000, 361-373; cf también *Abundantes divitiæ* 23-24).

[2] Wilhelm von Ketteler (1811-1877), el valiente arzobispo de Maguncia, inspirador del sindicalismo católico alemán y diputado del Centro Social Cristiano en el parlamento de Berlín, mientras que en la extrema izquierda se sentaba Karl Marx.

[3] La intuición del padre Alberione, autor de estas líneas, fue que el medio más poderoso entonces para oponerse al mal y proclamar el Evangelio era la prensa; más adelante fue añadiendo el cine, la radio, la televisión... y al final concluyó que todos los medios de comunicación y todos los medios que el progreso humano fuera proporcionando podían ponerse al servicio de la evangelización –muchos años después esto lo reconocería el propio concilio Vaticano II–. Por eso se le considera el profeta de la comunicación social.

Esta es una gran misión; una misión eminentemente sacerdotal. Una misión que exige enorme espíritu religioso y nos vincula a una vida lo más activa y atareada que se pueda imaginar.

Un hermoso sueño

En la cumbre de los deseos de los hombres que viven en los tiempos actuales, en lo más profundo de los corazones que reflexionan sobre los graves males de hoy y sobre la urgente necesidad de encontrar soluciones, se encuentra, casi enterrado, un deseo aún no bien definido. Un deseo que casi se tiene miedo de descubrir, que uno casi ni se atreve a concebir, por lo irrealizable que parece.

Es como un sueño que nos muestra un horizonte futuro, lejano, arduo, casi quimérico.

Para nuestra prensa hace falta una «pía sociedad»[4] de cuerpos y almas que quieran, quieran, quieran.

Esta sociedad debería comprender dos clases de personas: tipógrafos y escritores; pero todos deben estar vinculados con los votos ordinarios y, además, con el de la buena prensa; es necesario que los tipógrafos trabajen con espíritu, diríamos, sacerdotal, y que los escritores sean verdaderos sacerdotes, santos sacerdotes.

---

[4] El padre Alberione describe aquí a grandes rasgos cómo imaginaba en aquel tiempo la Pía Sociedad [de San Pablo] que estaba intentando fundar. Naturalmente, las circunstancias y su propio pensamiento, con la inspiración del Espíritu Santo, evolucionaron mucho con los años, hasta llegar a ser la Sociedad de San Pablo, aprobada por la Iglesia, que se conoce hoy (cf Constituciones y Directorio).

La Escuela Tipográfica

En Alba, bajo la protección de san Pablo, se abrió una casa que, de momento, se llama *Escuela Tipográfica*. Este es un nombre que está destinado a desaparecer para dar paso a otro más apropiado[5]. La Escuela Tipográfica tiene como objetivo principal promover la buena prensa mediante la formación de buenos tipógrafos y buenos escritores católicos. Fue inaugurada el 20 de agosto de 1914 y acoge a muchachos que poseen las aptitudes morales, físicas e intelectuales necesarias.

* * *

Los jóvenes se dividen en dos secciones: una de simples tipógrafos y otra de trabajadores-estudiantes. Todos se dedican a cultivar la piedad y la virtud. Pero al mismo tiempo, los primeros se adiestran especialmente para el trabajo; los segundos completan los estudios de un joven seminarista, debiendo luego graduarse en Ciencias Sociales[6].

La Casa [así llamaban al primer grupo], amorosamente asistida por la divina Providencia, alberga a una treintena de alumnos llenos de buena voluntad.

---

[5] «Entonces el instituto se llamaba Escuela Tipográfica [Pequeño Obrero], con el objetivo de educar a los niños y prepararlos, con un trabajo, para la vida. Teníamos que decir esto para no alarmar a los demás tipógrafos que temían que les robaran su trabajo» (S. Alberione, *Retiro a las comunidades romanas*, 20 de diciembre de 1961). Desde 1921, la Escuela Tipográfica cambió su nombre por el de Pía Sociedad de San Pablo.

[6] Cf «Famiglia Paolina: primo progetto» (1917), en G. T. Giaccardo, *Diario*, San Paolo, Cinisello Balsamo 2004, 19 de octubre de 1917, 97-100. Los dos primeros licenciados en Ciencias Sociales en la facultad de Bérgamo fueron Bartolomeo [Paolo] Marcellino y Desiderio Giovanni Costa.

La voz del Señor

Fue en esta Casa donde el Señor llamó al joven Mayorino. Y fue también aquí donde él acopió en pocos meses un gran cúmulo de méritos, hasta el punto que se pudo decir de él: «*Consummatus in brevi, explevit tempora multa*»[7].

Mayorino ingresó en la Escuela Tipográfica el 15 de octubre de 1916.

Había varias razones que parecían oponerse a ello.

En primer lugar, ni el objetivo ni el trabajo de la Escuela Tipográfica estaban aún claramente determinados, por lo que los familiares tenían que dar un paso casi a ciegas confiando en la Providencia. Por otro lado, la familia Vigolungo se encontraba en circunstancias bastante difíciles: el hermano mayor, que era la ayuda más consistente, estaba entonces haciendo el servicio militar; el padre acababa de superar una enfermedad que en cualquier momento podía reproducirse...

Pero el director de la Escuela Tipográfica[8] hizo la propuesta, el párroco lo aconsejaba y Mayorino insistía. Su padre comprendió que aquel hijo suyo había sido favorecido por el Señor con gracias especiales, y en su conciencia de verdadero cristiano comprendió que Dios le pedía ese hijo. Y lo dio con el mismo espíritu con que María presentó a Jesús en el Templo y lo consagró enteramente al servicio del Señor.

---

[7] «Maduró en poco tiempo, cumplió muchos años» (Sab 4,13).
[8] Se trataba del propio padre Alberione, conocido también como «señor Teólogo» y, más tarde, «primer Maestro».

Los primeros días

En los primeros días, los compañeros de Mayorino se dieron cuenta inmediatamente de su inteligencia y, sobre todo, notaron que poseía una seriedad y una madurez de espíritu muy raras a la edad de 12 años, que eran los que tenía entonces.

El asistente[9] dijo muy pronto de él: «Este es un joven de carácter: si se le dirige bien, perseverará y será de gran provecho para la Casa».

Los primeros días de la vida de colegio son siempre bastante duros. Encontrarse lejos de la familia, entre compañeros desconocidos, bajo la guía de superiores por los que al principio se siente más temor que amor, bajo la disciplina de un horario nunca antes practicado, tener que hablar la lengua italiana[10], las antiguas y nuevas dificultades en el estudio... todo eso abruma a cualquier colegial. Por eso, hay ocasiones en las que los jóvenes se sienten agobiados, se desaniman y no se atreven a proseguir; otras veces, les cuesta someterse.

Mayorino, en cambio, desde el primer día abrazó con gusto y por entero el nuevo estilo de vida: estudio, trabajo y piedad.

No parecía sino que, por fin, se encontraba en *su* sitio, el que tanto había deseado desde hacía mucho tiempo.

---

[9] Torquato [Tito] Armani, compatriota de Mayorino, y cinco años mayor que él.

[10] Para quienes hablaban habitualmente piamontés, el italiano era como otro idioma.

Las aptitudes de Mayorino

Todos lo vieron muy pronto alegre, aplicándose con energía y estudiando con la mejor voluntad.

Naturalmente, Mayorino fue situado en la sección de los jóvenes que combinan trabajo y estudio. Parecería que ambas ocupaciones son recíprocamente excluyentes; en cambio, no es así, sino que las dos se complementan, se ayudan mutuamente, haciendo que la educación sea más verdadera, más completa, más familiar.

El trabajo de la Escuela Tipográfica, tal como estaba dispuesto en ese momento, consistía en componer e imprimir[11]. Componer requiere mayor instrucción, imprimir mayor atención. El trabajo de la imprenta conlleva muchas dificultades. Todos los que se han dedicado a la tipografía saben que es fácil formar cajistas que componen, pero muy difícil formar impresores-maquinistas.

Los impresores-maquinistas desempeñan un trabajo de precisión, más difícil de controlar, más expuesto a distracciones, y es más peligroso. El director examinó atentamente las aptitudes de Mayorino y creyó que era capaz de sacarlo adelante, y le asignó este trabajo. Él demostró enseguida que era capaz de hacerlo bien.

La prueba

Surgió una dificultad que pareció echar a perder todas las esperanzas concebidas.

---

[11] La composición manual con caracteres de plomo y la impresión mecánica eran las actividades habituales de la tipografía.

Un día, Mayorino quería volver a casa, e insistía en ello. Solo después de muchas exhortaciones de sus padres, accedió a intentarlo de nuevo.

Pero unos días después, volvió a la carga.

—¿Es que ya no tienes ganas de estudiar? –preguntaban sus padres.

—Sí, me gusta mucho estudiar.

—¿No estás bien de salud?

—No es por eso, estoy bien.

—¿No comes bastante?

—En cuanto a la comida, estoy muy contento.

—¿Qué pasa, entonces?

Las respuestas de Mayorino se hacían esperar y no eran sino evasivas. En contra de su modo habitual de proceder, ocultaba lo que pensaba.

Tanto el director como sus padres estaban ya casi resignados a que volviera a casa; sin embargo, siguieron rezando.

La luz

Una noche de noviembre, después de las oraciones de la noche, antes de acostarse, el director llamó a Mayorino y le dijo:

—Debes abrirme tu alma: tienes algo que hasta ahora me has ocultado. ¿Quieres contármelo todo?

—Sí, estoy dispuesto a ello.

—¿Por qué quieres volver a casa?

—Mire, en la Tipografía con frecuencia tengo que poner los pliegos o igualarlos. Este es un trabajo que hago casi automáticamente, sin que mi mente esté ocupada. Entonces la fantasía piensa, piensa... y a menudo me vienen dudas de fe... Si sigo así, me voy a condenar...

—Oh, querido amigo, ¡las dudas no son pecado!

—¿De verdad no son todas ellas pecados mortales?

—No, no, no.

Y aquí, le explicó claramente cuándo la duda es pecado y cuándo no. El joven se calmó entonces por completo; parecía como si una nube se desprendiera del horizonte de su corazón y él se encontrara bajo un cielo claro y sereno.

Desde entonces, nunca más sintió ninguna tentación de abandonar la Casa, aunque este tipo de molestias le siguieran inquietando a menudo.

Empleo del tiempo

Y esta es la vida que llevó durante aproximadamente 18 meses:

- Estudio: cinco horas diarias por término medio.
- Trabajo de impresor: cinco horas.
- Obras de piedad: oraciones de la mañana y de la noche, Misa, Comunión, meditación, lectura espiritual, Rosario; semanalmente tocaba Confesión y visita al Santísimo Sacramento; mensualmente se hacía un retiro espiritual y anualmente unos santos Ejercicios.
- Paseo todos los días.

- Alimentación: regulada en las varias comidas distribuidas a lo largo del día, no tomando nunca nada a deshora, si no por necesidad.

Hacia la luz plena

Una vez calmados todos los temores y seguro de no estar ofendiendo al Señor, Mayorino continuó su vida en la Casa, a la que amaba con afecto sobrenatural.

Aquella inclinación que sentía hacia las cosas grandes y a realizar algún día el bien, mucho bien, crecía cada día más en su corazón; pero no por eso vivía inquieto.

Mayorino escuchaba con especial atención las conferencias en las que se hablaba de la obra de la buena prensa; y prestó viva atención a una meditación en la que se decía que la buena prensa es el alma de todas las demás obras de celo y que, para dedicarse completamente a la buena prensa, es necesario tener un verdadero espíritu sacerdotal. El ideal se iba explicando poco a poco. El director dijo una noche: «Se pueden aglutinar tres clases de méritos: el de la vida religiosa, el de la vida sacerdotal y el del apostolado de la buena prensa»[12].

Su elección

Para Mayorino, estas palabras fueron como la explicación de un sueño misterioso que sentía dentro de sí.

---

[12] Tal vez se refiere al intenso discurso del 8 de diciembre de 1917, recogido por Giaccardo en su *Diario* (113-117).

Correspondían a una necesidad de su alma. Después de terminar la instrucción, fue a visitar al director y le dijo:

—Eso es lo que yo estoy buscando: lo que usted ha explicado esta noche.

—¡Ah! ¿Sí? Me alegro.

—¿Pero usted cree que yo podré conseguirlo?

—No solo lo espero, sino que estoy totalmente seguro de ello, si respondes a las gracias de Dios.

—Bueno, pues yo estoy dispuesto.

—Pero reflexiona bien y con calma. Estas resoluciones se toman después de mucha oración, mucha reflexión y muchos consejos.

—Pero yo ya he rezado y pensado; si usted me dice que puedo conseguirlo, aquí estoy.

—Querido hijo, yo tomo tus palabras no como una resolución definitiva, sino como la expresión de tu buena voluntad actual.

—Yo me pongo totalmente en sus manos: ahora y siempre, totalmente. Guíeme por el camino que ha indicado esta noche.

—Pero habrá que hacer muchos sacrificios…

—No importa, espero que el Señor y san Pablo me ayuden.

El ideal

Desde entonces ya no pensó en nada que no fuera o no lo condujera hacia su ideal. Se aferró a él con tanta fuerza, con tanto amor, que desde la mañana hasta la noche lo tenía en su mente, en su corazón, en sus labios.

Mayorino consideraba la Casa como el camino para llegar a su ideal. Escuchad cómo hablaba de eso en una meditación que escribió para sí mismo:

La Casa

¿Quién es la cabeza? Jesús, su Sagrado Corazón.

¿A quién debemos obedecer? A Jesús, representado por nuestro padre director.

¿Cuál es el fin? El fin es formar buenos apóstoles de la buena prensa.

¿Quién lo quiere? Lo quiere Dios.

¿Qué espíritu nos debe animar? El espíritu de Dios, que se nos comunica a través del padre director.

¿Qué debemos hacer? Obedecer en todo a nuestros superiores, y mejor aún, complacer incluso sus más mínimos deseos.

Ideal y vida

Y esto, en su caso, no eran puras palabras, sino obras y vida.

Aquí comenzará propiamente el camino de santificación y entrega a Dios de Mayorino.

Literalmente, se puede decir que él ya no tenía otras aspiraciones ni otros pensamientos. Lo que decía, los planes que hacía, sus conversaciones en el recreo, el estudio, la piedad, el trabajo... todo estaba encaminado a la realización y al logro de su ideal.

Parecía que ya no hacía caso a nada más. Sus muchas energías estaban todas canalizadas hacia su ideal; como las diversas aguas que descienden por varias vertientes y se reúnen en el valle para luego fluir todas juntas como un gran río hacia el mar.

Ni siquiera los días de vacaciones, ni los paseos, ni los justos descansos lo distraían de su objetivo. A él ya no le interesaban las cosas materiales.

Incluso sus bromas, durante el recreo, terminaban manifestando lo que bullía en su alma. Se me ocurrió preguntarle una vez:

—¿Qué soñaste anoche?

—Que tenía una gran tipografía, en la que trabajaban más de cien obreros y yo dirigía un diario que se imprimía allí.

Fervor de voluntad

El ardor con que perseguía su ideal era tan intenso que a veces le impedía comprender y juzgar las cosas con sosiego y tomarlas en su justo valor.

A esto hay que atribuir sus errores en los trabajos de clase, la insistencia con que a veces defendía sus puntos de vista durante los recreos, el no ver más que su ideal en las diversas cosas.

Frecuentemente, el director le recomendaba calma y serenidad; durante unos cuatro meses hizo de este punto el objeto de su examen de conciencia.

4
La piedad

Este es el fundamento de toda virtud y entra como principio en todas las cosas. «La piedad sirve para todo», dice el Espíritu Santo[1].

Ante todo, Mayorino hacía bien las prácticas comunes. Era notable su fervor en la oración. El tiempo de oración que pasaba distraído no contaba para él; de manera que se acusaba de no haber hecho sus oraciones, más aún, de haber perdido el tiempo.

Para conseguir rezar mejor, solía retirarse a los rincones más escondidos de la casa. Una vez su párroco fue a buscarlo a la iglesia, donde estaba haciendo la adoración ante el Santísimo Sacramento; pero no logró encontrarlo, aunque sabía que estaba allí.

Desde el principio cogió la costumbre de pronunciar las palabras lentamente, con fervor y con cierto impulso y con tal vehemencia, que movía ligeramente la cabeza y dejaba traslucir en su rostro los sentimientos de su alma.

Algunos compañeros se quejaron, porque les molestaba.

—Si no lo hago así, no consigo seguir con mi mente las oraciones que digo.

---

[1] Cf 1Tim 4,8.

Le enseñaron a orar mentalmente, pero él utilizó este método solo para la meditación y durante su última enfermedad.

* * *

Convencido de que no era digno de comparecer ante la divina Presencia, mantenía la cabeza ligeramente inclinada. Sobrecogido por el respeto a la divina Majestad, mantenía sus manos devotamente unidas sobre el pecho; a veces las disponía en forma de cruz, especialmente después de la Sagrada Comunión.

No se dejaba distraer por el canto ni por ceremonias ni por las travesuras de otros niños inquietos que podían distraer a los demás y apartarlo a él de su recogimiento.

Además de las prácticas comunes de oración, él tenía muy pocas particulares: se aplicaba por entero a hacer bien lo que todos hacían.

Por la mañana los chicos tenían veinte minutos para levantarse y asearse: él solía terminar antes que los demás; después corría a arrodillarse y a rezar ante un pequeño altar de san Pablo.

De vez en cuando pedía permiso para hacer una breve visita al Santísimo Sacramento; aunque, tratándose de cosas particulares, siempre eran breves.

Examen de conciencia

El examen de conciencia es la vara con la que se mide el estado de la conciencia, y la fidelidad y diligencia en él son el índice más seguro del fervor de un alma.

Practicaba tres: el preventivo, por la mañana, para recordar sus propósitos y los defectos que iba a encontrar durante el día. Siempre lo terminaba con un buen propósito, especialmente sobre alguna virtud particular, que generalmente era la caridad o la obediencia. Cuando podía, este examen lo hacía por escrito. Después de su muerte se encontró el librito en el que tomaba notas.

Hacía un segundo examen antes de la comida y un tercero por la noche: estos son los puntos en los que solía detenerse:

> Si me he levantado pronto y con algún buen pensamiento, cómo he pasado mi tiempo de estudio, cómo he sentido la Santa Misa, cómo he hecho la Comunión, si he sacado fruto de la meditación, cómo he estado en clase, cómo me he comportado en el recreo y en el paseo, cómo he atendido al trabajo, cómo he luchado contra el defecto principal o cómo he practicado mis propósitos particulares.

Diligencia

Bajaba a detalles muy sutiles y era tan meticuloso que tuvieron que corregirlo más de una vez.

Desde el comienzo de su vida piadosa habría querido confesarse cada dos días. Pues decía: «Si no lo hago así, ¿cómo me voy a corregir de tantos defectos?». Pero esto se le prohibió, y entonces acudía casi todas las noches, antes de acostarse, a ver al director para darle cuenta de las faltas en las que había caído durante el día. Una noche le dijo: «Así me avergonzaré más y me corregiré más pronto».

La realidad, sin embargo, es que el director tenía que decirle casi siempre: «No te preocupes, estas cosas no son pecados, son solo tentaciones, son errores que incluso los santos tuvieron, y no ofenden a Dios».

Cuando, después debía confesarse, su examen era más excesivo que escaso. A veces se preparaba para la confesión incluso durante el recreo.

Esta diligencia en los exámenes de conciencia procedía de un compromiso: el de querer «progresar un poquito cada día»[2]. Este era su anhelo.

Un compañero recordaba que un día le dijo: «Hay que seguir siempre adelante. Pobre del que se detiene».

Delicadeza

Poseía también una delicadeza de conciencia que es muy difícil de describir. Las faltas más leves le causaban horror, y muchas veces, no teniendo aún pleno conocimiento de lo que era pecado ni de lo que no lo era, se le veía temblar ostensiblemente por temor a haber cometido algún pecado. Una miga de pan que se le hubiera caído y que, sin darse cuenta, hubiera pisado; una mancha que le hubiera quedado en la cara después de lavarse; haber dejado caer al suelo, por descuido, la

---

[2] Este propósito se convirtió en lema y bandera para toda la Familia Paulina, en paralelo con: «Lanzándome hacia lo que está por delante» de san Pablo (Flp 3,13). Para el padre Alberione era la referencia ineludible de toda la pedagogía religiosa. Cada conferencia sobre progreso espiritual era un comentario de este programa.

pluma de un compañero; haber olvidado rezar el oficio del Sagrado Corazón de Jesús...

La Sagrada Comunión

La Comunión es el verdadero y más sólido alimento del verdadero celo: en las misteriosas comunicaciones entre Jesús y el alma, el Señor hace oír su voz y enciende el corazón.

Él recibía la Comunión todos los días; pero no por costumbre, sino porque comprendía el valor del verdadero alimento del alma, el sustento de la piedad, la fuerza para adelantar en la virtud, que es establecer en uno mismo la vida de Jesús: *«Vivo ego, iam non ego...»*[3]. Lo expresaba él en estas notas suyas, escritas en su libreta: «En la Comunión recibimos a Jesús: él entra en nuestro corazón, toma nuestra vida y pone en ella la suya». Y en otro lugar: «En el examen de conciencia me haré esta pregunta: ¿para qué comulgo?, ¿para adquirir qué virtud?, ¿para superar qué defecto?». Nuestra vida es vida de pecado: la de Jesús, es la vida del deber.

Por eso él escribía, dirigiéndose a sí mismo: «Después de la Comunión, cuando viene la tentación, debes pensar: no quiero el pecado, sino el deber, para que Jesús siga viviendo en mi corazón. Si, por ejemplo, no tienes ganas de estudiar, piensa: ¿qué haría Jesús si estuviera en tu lugar? Cumpliría con su deber; por tanto, estudia. Deja que Jesús viva en ti».

---

[3] «Vivo, pero no soy yo el que vive... [Cristo vive en mí]» (Gál 2,20).

Para conseguir que Jesús viviera en él, todos los días, antes de la Comunión, renovaba su propósito principal y después pedía la gracia de observarlo.

Por otra parte, él añadía otras intenciones especiales para excitarse a un mayor fervor.

Estas son las intenciones que, con la aprobación de su confesor, se había propuesto para la Comunión:

Todos los días:
Por la observancia de nuestros propósitos.

Lunes:
En honor al ángel de la guarda.
En sufragio por los difuntos.
Para pedir humildad.

Martes:
A san Pablo.
Por la buena prensa.
Para conseguir odiar el pecado venial.

Miércoles:
A san José.
Por la Iglesia y por el Papa.
Para alcanzar una buena muerte.

Jueves:
A la Santísima Eucaristía.
Por la santa Castidad.
Para conseguir buenos trabajadores para la buena prensa.

Viernes:
Al Sagrado Corazón de Jesús.
Para alcanzar la obediencia.
Por los sacerdotes.

Sábado:
A la Virgen.
Al Espíritu Santo.
Por Italia.

Domingo:
A la santísima Trinidad.
Por la propagación del reino de Jesucristo.
Por la Casa.

Un dato, aparentemente insignificante, muestra lo mucho que le gustaba la Comunión frecuente. Los chicos se habían ido a casa unos días de vacaciones para ver a sus seres queridos. Era invierno, el frío era muy intenso. El día de regreso, Mayorino hizo su recorrido de 14 kilómetros, buena parte a pie, en ayunas, para no dejar la Sagrada Comunión[4]. Cuando llegó estaba pálido, tiritando de frío y agotado. El director le ofreció una taza de leche caliente.

—Sí –respondió él con sus expresivos ojos–, pero antes, la Sagrada Comunión. Naturalmente, enseguida fue satisfecho.

La meditación

La meditación es el momento en el que el Señor le habla a nuestro corazón.

---

[4] Recuérdese que en aquel tiempo estaba vigente la norma del ayuno eucarístico, que, hasta el 6 de enero de 1953, obligaba a no tomar alimento o bebida, excepto agua natural, desde las doce de la noche del día anterior. Como se sabe, actualmente este ayuno se ha reducido a una hora, al menos, antes de comulgar.

Ningún santo ha prescindido de ella. En la Escuela Tipográfica se practica todos los días, durante unos 12 minutos. Generalmente la dictaba el director en voz alta. Pero a veces, se dejaba en manos de los jóvenes, que se servían de los libros que se les había indicado previamente.

Sin embargo, se sigue un método bien explicado y adecuado para los chicos. Mayorino se lo había copiado diligentemente y lo seguía con amor y con fruto. Sus meditaciones eran realmente santas.

El método

La meditación se divide en cinco partes:

1. Nos ponemos en la presencia de Dios y se pide luz para hacer la meditación con esta oración: «Creo, Jesús, que estoy ante ti, que me miras y me escuchas; te amo y te pido perdón por mis muchos y graves pecados; concédeme la gracia de comprender bien lo que voy a meditar y de hacer un buen propósito. Virgen Santísima, ángel mío de la guarda, ayudadme en esta meditación» (1 minuto).
2. Leemos un pasaje, una máxima o una consideración tomada de un libro de piedad (10 minutos).
3. Volvemos sobre el hecho considerado, o sobre el pasaje del libro leído, o sobre la máxima, indagando si hemos caído en tales pecados o en tales omisiones (7 minutos).

4. Pedimos perdón a Dios por todos los pecados cometidos, especialmente los relativos a los temas considerados en la meditación, y formulamos el propósito.
5. Damos gracias al Señor por las luces que nos ha dado durante la meditación; pedimos perdón por las distracciones involuntarias y le rogamos a la Virgen y al ángel de la guarda que nos den su bendición para todo el día y la gracia de observar los propósitos tomados.

Se reza un Avemaría, un Ángel de Dios, y se concluye con esta oración: «Te doy gracias, querido Jesús, por haberme ayudado en esta meditación, perdóname por las distracciones. Querida Madre mía, María, ángel de mío de la guarda, alcanzadme de Jesús la bendición para este día».

* * *

Pero, tanto si era dirigida por el director como si se hubiese dejado a la iniciativa de los muchachos, el mayor cuidado de Mayorino era el de sacar un buen propósito, que luego recordaba de vez en cuando durante el día.

Jaculatorias

Las jaculatorias son expresiones de amor, facilitan el recogimiento, santifican el trabajo, alejan de las tentaciones, alegran la vida, consuelan en los momentos de dolor y obtienen muchas gracias.

En la Escuela Tipográfica existe esta costumbre: durante el trabajo, al menos cada media hora, se repiten en voz alta diversas jaculatorias, o «Bendito sea Dios»[5] u otras oraciones cortas.

Mayorino las repetía con especial expresión de amor. Además, había hecho una lista, se las aprendió de memoria y las repetía muy a menudo.

Estas son las principales, tal y como se pueden leer en sus cuadernos:

- Dios mío, te amo más que a cualquier otra cosa, más que a mi vida, más que a mí mismo, pero sé que todavía te amo demasiado poco. Abandono todas las cosas y me convierto a ti, te abrazo y te estrecho contra mi corazón, no me desprecies. Bien inmenso, ¡te amo!
- Oh Dios, Dios mío, ¿y a quién amar si no te amo a ti, vida mía, amor mío, mi todo?
- ¡Oh, si pudiera gastarme enteramente por ti, que te has gastado enteramente por mí!
- ¡Oh bondad infinita, oh justicia infinita! ¡Oh, qué loco está quien no te ama!
- ¡Qué riquezas!, ¡qué honores!, ¡qué satisfacciones! A Dios, a Dios quiero, solo a Dios.
- Jesús mío, tú solo me bastas. ¿Y a quién quiero amar si no a ti, Jesús?
- Dios mío, solo a ti te quiero y nada más.

---

[5] «Bendito sea Dios...»: esta serie de invocaciones, que hoy suelen recitarse después de la bendición eucarística, en tiempos de Mayorino se recitaban también al final de la Misa y tenían un carácter reparador «contra las blasfemias de la mala prensa».

- Oh Jesús mío, quiero llegar a ser santo, ayúdame.
- Viva Jesús, nuestro amor.
- Sea alabado y glorificado en todo momento el Santísimo y divinísimo Sacramento.
- Bendita sea la Santa e Inmaculada Concepción de la bienaventurada Virgen María, Madre de Dios.
- San Pablo apóstol, protector nuestro, ruega por nosotros y por la obra de la buena prensa.
- Oh san José, padre adoptivo de Jesucristo y verdadero esposo de la Virgen María, ruega por nosotros y por los agonizantes de este día (o de esta noche).
- Sagrado Corazón de Jesús, ¡en ti confío!
- Sagrado Corazón de María, sé mi salvación.
- Oh Jesús, abrasado de amor, si nunca te hubiera ofendido. Oh mi amado y buen Jesús, no quiero ofenderte nunca más.
- Señor Jesús, cubre con tu protección a nuestro Santo Padre, el Papa, sé su luz, su fuerza, su consuelo.
- Jesús, José y María, os doy el corazón y el alma mía.
- Jesús, José y María, asistidme en mi última agonía.
- Jesús, José y María, que espire en paz con vosotros el alma mía.
- *Mater castissima, ora pro nobis.*
- *Virgo fidelis, ora pro nobis.*
- *Mater boni consilii, ora pro nobis.*
- *Sancte Paule Apostole, ora pro nobis.*

Máximas

Transcribo aquí las máximas que Mayorino había anotado en los márgenes de sus libros y cuadernos o en sus «notas».

Algunas están tomadas de los dichos o de las vidas de los santos, otras de los libros ascéticos que leía, otras de los sermones que escuchaba. Algunas son también suyas propias, fruto de sus meditaciones, de su breve experiencia y, sobre todo, de las especiales luces interiores del Espíritu Santo, que habitaba en aquella alma pura.

Solía releerlas, repensarlas en el momento oportuno e incluso repetirlas a sus compañeros, cuando veía que podían serles útiles:

- Lo que no sirve para la vida eterna es vanidad.
- El mundo pasa, pero el bien y el mal no pasan, permanecerán para siempre.
- En los casos difíciles hay que consultar a Dios con confianza, escuchar sus inspiraciones y atenerse a ellas (Silvio Pellico).
- Para hacer el bien siempre decimos: «¡Hay tiempo!». Pero si se tratase de ganar dinero lo haríamos inmediatamente.
- Conversar con hombres degradados, degrada (Pellico).
- Quien se humilla sin fines indignos, no se degrada; aunque por ello tenga que sufrir algún injusto desprecio (Pellico).
- Un saludo, una palabra de amor, a los infelices es una gran caridad (Pellico).

- Quien cede al respeto humano es un cobarde.
- El que blasfema habla la lengua del diablo.
- «Quien quiere llega a ser santo...».
- Al leer la vida de los santos, digamos con san Agustín: «Si estos se hicieron santos, ¿por qué no habría de serlo también yo?».
- Recuerda, cristiano, que estás destinado a la eternidad.
- ¡Bienaventurada y supremamente bendita el alma justa, que reinará eternamente con Dios en la morada del cielo!
- Infeliz, incluso mil veces infeliz, es el pecador impenitente, que arderá eternamente con los demonios en las llamas del infierno.
- El cristiano debe orar como oró Jesucristo en el Huerto de Getsemaní, con recogimiento, con humildad y confianza.
- Recordemos que solo tenemos un alma; si la perdemos, todo está perdido para nosotros.
- Un gran apoyo para nosotros, un arma poderosa contra las asechanzas del demonio, la tendremos en la devoción a la Santísima Virgen María.
- Decimos: estoy lleno de enfermedades espirituales y no me atrevo a comulgar con frecuencia. Responde Jesucristo: «No tienen necesidad de médico los sanos, sino los enfermos».
- Recemos con especial devoción el *Angelus Domini* o el *Regina coeli* por la mañana, a mediodía y por la noche, al toque de campanas.
- El Sagrado Corazón de Jesús nos enseña humildad, obediencia, caridad, continencia, pobreza,

penitencia, y concede estas virtudes a sus devotos.

- El que desprecia las cosas pequeñas, poco a poco irá al desastre.
- ¡Oh, Eternidad!... ¡Oh, abismo sin fondo! ¡Oh, mar sin orillas!... ¡Oh, caverna sin salida!... ¿Quién no temblará pensando en ti? ¡Oh, maldito pecado!... ¡Qué terrible tormento preparas para quien te comete! ¡Ah!... no más pecados en mi vida...
- La muerte, pero no pecados.
- Es voluntad de Dios que todos seamos santos. Sí, Dios quiere que todos seamos perfectos.
- Oh... infierno, ¿quién no tiembla al pensar en ti? ¡Oh, qué horrible eres!... ¡desgraciado quien cae dentro!
- ¿Qué es el pecado mortal? Es un criminal que mata a las pobres almas con su cuchillo. Y, sin embargo, cuántas almas no hacen caso y lo cometen sin dificultad. No piensan que si murieran en ese momento irían al infierno para siempre.
- Maldito seas, pecado, que acarreas el castigo eterno a quien te comete.
- Con nuestras propias fuerzas, no somos capaces de vencer al demonio, es decir, al pecado, pero sí recurriendo a nuestra Santa Madre la Virgen; ella nos ayudará.
- Cuando somos sorprendidos por las tentaciones digamos: «María, ayúdame».
- Pensemos que, cuando cometemos un pecado, le damos la espalda a Dios, pisoteamos sus manda-

mientos y renunciamos al hermoso Paraíso, para ser esclavos del diablo y, por tanto, ir al infierno.

Devoción a la Santísima Virgen

Sentía un verdadero arrobamiento de afecto hacia la Santísima Virgen María. A veces hablaba de ella con tal sentimiento, que delataba lo que sentía en su corazón. Se había inscrito en la cofradía del Carmen y de la Inmaculada y procuraba ganar las indulgencias que en ellas se conceden, cumpliendo las condiciones necesarias.

Llevaba constantemente al cuello la medalla que sustituye el hábito. Cuando estaba enfermo, al tener que quitársela, le pidió a su madre que se la colgara en la camisa con una cinta, precisamente sobre el corazón; casi como si quisiera decirle a la Virgen: «Madre, te doy este corazón mío, tómalo, guárdalo».

Los sábados hacía algunas mortificaciones especiales en honor a la Virgen, sobre todo alguna de estas: como era el día en que, a menudo, los parientes venían a visitarlo, él evitaba hablar de cosas que lo distrajeran; si era posible, elegía para sí los trabajos más humildes de la tipografía, como barrer, limpiar las máquinas...

Practicaba todos los días la devoción de las tres Avemarías, y las rezaba fielmente todas las noches.

Por la noche, mientras los jóvenes se desnudaban y se acostaban, el asistente solía rezar la coronilla del beato Cottolengo[6] en la que se repite cincuenta veces: «Virgen

---

[6] San José Benito Cottolengo (1786-1842), entonces beato, que sería canonizado en 1934.

María, Madre de Jesús...». Una noche el director entró en el dormitorio para ver si todo estaba en orden. Mayorino le llamó la atención, pues respondía con los demás a cada invocación: «Haznos santos», pero su voz indicaba una emoción interior, un propósito firme y al mismo tiempo una fe viva en que obtendría lo que pedía.

Era también fiel al rezo del Ángelus.

* * *

Le gustaba especialmente rezar el Santo Rosario. Todos los días rezaba la tercera parte del mismo mientras trabajaba con sus máquinas en la imprenta.

No contento con eso, se inscribió en el *Rosario viviente entre los niños*. En esta asociación, los miembros, divididos en grupos de quince, rezaban diariamente un misterio del Rosario y, entre todos, lo rezan entero. Mayorino era fidelísimo.

También rezaba a menudo el Rosario por la noche, él solo, cuando ya estaba acostado. Continuó con esta práctica por algún tiempo, hasta que una noche el director se lo prohibió, teniendo en cuenta su necesidad de descansar.

* * *

Para sacar mayores frutos del Santo Rosario recurrió a tres pequeños trucos: se había hecho bendecir el rosario con las indulgencias de los padres Dominicos y las llamadas de los padres Crucíferos. Había comprado también las imágenes que representaban los misterios del Santo Rosario para tenerlas delante y meditarlas más fácilmente y con mayor recogimiento.

Escribió además el fruto que debía obtener y la gracia especial que debía pedir en cada misterio del Santo Rosario, según había oído explicar en las meditaciones. Son estos:

MISTERIOS GOZOSOS
1. La Anunciación: *Humildad.*
2. Visita a santa Isabel: *Caridad.*
3. Nacimiento de Jesús: *Pobreza.*
4. Presentación de Jesús: *Obediencia.*
5. Pérdida y hallazgo: *Horror al pecado.*

MISTERIOS DOLOROSOS
1. La oración en el Huerto: *Oración.*
2. Flagelación de Jesús: *Horror a la impureza.*
3. Coronación de espinas: *Odio a los malos pensamientos.*
4. Camino del Calvario: *Llevar la Cruz.*
5. Crucifixión y muerte: *Perdón a los enemigos.*

MISTERIOS GLORIOSOS
1. Resurrección de Jesucristo: *Levantarse del pecado.*
2. Ascensión de Jesucristo: *Desprendernos del mundo.*
3. Descenso del Espíritu Santo: *Pedir el Espíritu Santo.*
4. Muerte y Asunción de la Santísima Virgen María: *Buena muerte.*
5. Coronación de la Santísima Virgen María: *Devoción a la Santísima Virgen María.*

El jefe de máquinas lo observó varias veces mientras cargaba las hojas para imprimir: su mirada se posaba a menudo sobre una imagen de la Virgen. Sus ojos, su rostro y sus labios tomaban una expresión de alegría, de amor, de devoción: murmuraba alguna oración y sonreía a María con una sonrisa inocente, filial y tierna.

Cuenta un compañero: «Un día, hablando de la Virgen, le oí decir exactamente estas palabras, mientras su rostro era diferente al habitual: "¡Oh, la Virgen, qué buena es! Ella es nuestra Madre. ¡Cuánto debemos amarla!"».

Devoción a los santos

Todos los días rezaba un Padrenuestro, un Avemaría y un Gloria con la jaculatoria: «San Luis Gonzaga, protector de la juventud, ruega por nosotros».

Recitaba otro *Pater, Ave, Gloria* al ángel de la guarda; luego añadía tres veces al día la oración tradicional: «Ángel de Dios, que eres mi custodio...».

A san Pablo

Profesaba una devoción muy especial a san Pablo. A este querido santo, rebosante de espíritu apostólico, él lo amaba como a un padre, le rezaba y lo invocaba varias veces al día, lo consideraba como su maestro y de su intercesión esperaba las mayores gracias.

En la Escuela Tipográfica se acostumbraba a rezar una oración y una coronilla especial en honor de san Pablo[7], y Mayorino las repetía tan a menudo como podía. Cuando llegaba el mes que allí se consagraba a san Pablo (junio), o la novena o las fiestas que se celebran en su honor –la Conversión (25 de enero) y la fiesta y la Conmemoración (30 de junio)–[8], Mayorino se encendía con un fervor particular. Para él, eran días de fiesta íntima.

El 25 de enero de 1918[9], fiesta de la Conversión de san Pablo, escribió en su libreta: «Hoy quiero convertirme también yo, quiero llegar a ser todo de Dios».

Entre todos los cantos espirituales de los que había hecho una especie de colección, puso en primer lugar el que se cantaba en la Escuela Tipográfica una vez a la semana, compuesta por uno de los alumnos[10]. Cuando trabajaba solo y no estaba obligado a guardar silencio, a menudo tarareaba cantos espirituales. Varias veces el director se acercó a él sin ser visto, y mientras escuchaba, le oyó repetir: *«Al'Apostolo delle genti...»*[11].

---

[7] Esta «coronilla» es una serie de cinco breves oraciones, que enuncian los cinco «misterios» del apostolado que vivió san Pablo y que coinciden con los cinco pilares de la vida consagrada apostólica: conversión, virginidad o celibato por el Reino, obediencia, pobreza y celo apostólico. Su composición se remonta al año 1917.

[8] Esto era así en el calendario no reformado según las normas del concilio Vaticano II. Con la reforma del calendario romano, aprobada por Pablo VI en 1969, la fiesta de la Conversión de san Pablo continúa celebrándose el 25 de enero; la solemnidad de san Pablo se celebra unida a la de san Pedro el 29 de noviembre; en cambio, para la Familia Paulina –y para la basílica de San Pablo de Roma–, la Santa Sede ha aprobado que la solemnidad de san Pablo se celebre el 30 de junio.

[9] La primera edición tenía fecha 24 de enero, dato que fue corregido en ediciones posteriores.

[10] Se refiere al himno *«Al'Apostolo delle genti...»*, que se menciona poco después.

[11] «Al Apóstol de los gentiles»: himno dedicado a san Pablo, tradicional en la Sociedad de San Pablo.

Entre los santos, tenía una veneración particular a san José, a su protector san Mayorino, al venerable Don Bosco, al beato Cottolengo, a san Juan Berchmans y al venerable Domingo Savio[12].

---

[12] San Mayorino fue obispo de Acqui; de él solo sabemos que se celebraba el 27 de junio. San Juan Bosco (1815-1888), fundador de los Salesianos, fue canonizado en 1934. San José Benito Cottolengo (1786-1842), fundador de la Pequeña Casa de la Divina Providencia, fue canonizado en 1934. San Juan Berchmans (1599-1621) fue novicio jesuita de familia belga; canonizado en 1888, era venerado como patrono de los monaguillos. Santo Domingo Savio (1842-1857), alumno de san Juan Bosco, fue canonizado en 1954.

5
Virtudes

Obediencia

Mayorino repetía a menudo: «Quiero llegar a ser santo»; pero su programa de santificación no era nada extravagante, al contrario, era equilibrado, positivo, claro y práctico.

Estas son sus palabras, escritas el 1 de enero de 1918: «¡Año nuevo, vida nueva! Quiero llegar a ser un santito como san Juan Berchmans». Había tomado a este santo como modelo y cada día leía algún pasaje del libro de oro: *La perfección en la vida común, es decir, consideraciones sobre san Juan Berchmans*. Este santo tenía como programa: «Hacer bien las cosas comunes». Y se santificó haciendo las cosas comunes de manera no común.

Mayorino era muy diligente en observar todas las reglas. Y seguir las reglas constantemente, con amor y exactitud, requiere cierto heroísmo de virtud. En conducta, aun siendo bastante rigurosos, siempre sacaba un *diez*. Sus superiores no recuerdan haber visto en él ninguna verdadera falta voluntaria.

Puede ser útil recordar estas notas que deberían constituir el programa de todos los jóvenes de la comunidad:

Debemos estar todos unidos; no porque los cuerpos estén cerca, sino con los pensamientos, con las obras, con las intenciones. Todos debemos pensar en un mismo objetivo, el objetivo del superior: unidos en el superior. En resumen, obedecer a los superiores y formar con todos un solo corazón.

Cualquier deseo de sus superiores era para él una orden. Si estaba escribiendo, dejaba cortada por la mitad una palabra, si en ese momento recibía una orden. Siempre era de los primeros en ir al estudio, al trabajo o al paseo.

Una noche le dijo al director:

—¿Me dejaría hacer el voto de obediencia?

—Calma con los votos. ¿Sabes que después, si faltas, cometerías un doble pecado?

—Lo sé, pero, observándolos, también hay un doble mérito.

—Bueno, entonces podrás hacerlo cuando, examinándote, veas que desde hace varios meses ya no encuentras falta alguna contra la obediencia.

—Pero me parece que ya llevo varios meses haciendo lo que puedo.

—Está bien: pues podrás hacer el voto obligándote solo bajo pena de pecado venial, y solo de semana en semana. Al final de cada una me contarás cómo te fue y veremos si conviene continuar.

Y nuestro Mayorino se fue tan contento.

* * *

Cuántas veces sus compañeros le oyeron decir: «Haré lo que diga el Teólogo: se lo pediré al Teólogo; lo haré si el Teólogo lo dice... hay que ver primero si el Teólogo está contento...». Y frases parecidas.

Un día el director le había ordenado hacer algo que a él le parecía imposible, y lo mismo a sus compañeros. Él no dio ninguna razón, pero inmediatamente se puso a hacerlo. Un compañero le dijo: «¿Estás loco? No se puede». Y él: «Lo ha dicho el señor Teólogo».

Aquí se ve cómo su delicadeza de conciencia era extremada.

Trabajaba como maquinista: el jefe de máquinas era un compañero dos años mayor que él. Él lo amaba y respetaba como si viera en él al Señor.

A menudo él le preguntaba: «Hay dos, tres, cuatro trabajos que hacer [y se los explicaba]: ¿cuál prefieres?».

Y Mayorino: «A mí da lo mismo uno que otro; haré el que digas; solo dime qué quieres». Estas eran sus respuestas habituales. ¡Y eso que a veces había trabajos que exigían no poca abnegación!

El jefe de máquinas quiso insistir una vez: «¡Pero dime qué trabajo quieres, qué prefieres hacer!».

«Quiero hacer la voluntad de Dios: mándame, y yo obedeceré».

* * *

Una vez le preguntó al director:

—¿Podría aclararme una duda?

—Habla, di, pues.

—En la tipografía me dicen a menudo: haz esto o aquello, hazlo así o asá. A mí me parece que se debe hacer de otra manera, y entonces estoy seguro de que la orden está equivocada, porque no se conocen las circunstancias. ¿Tengo que obedecer o dar las razones que tengo en contrario?

—Pon un ejemplo.

—Ayer el jefe de máquinas me dijo que pusiera en marcha la máquina: pero él no sabía que los tornillos estaban flojos y podría haber ocurrido un desastre. ¿Qué debía hacer? ¿Obedecer o hacer la observación?

—Hacer la observación, con humildad.

—¿Y si el otro insiste?

—Si insiste, después de escuchar las razones, obedecerás.

Y así lo hizo.

* * *

Un día uno de los compañeros, mientras estaba haciendo un trabajo, tarareaba. Mayorino se sintió disgustado por aquella falta de silencio; se acercó a él muy educadamente y le dijo: «Oye, esta noche tendremos que confesarnos. ¿No sería mejor hacer el examen de conciencia en vez de cantar?».

En otra ocasión, contaba otro compañero: «Estaba refilando con él unos libros. A cierto punto le pregunté: "¿Sabrías decirme cuál es la lección que asignó el maestro?". Y él le contestó: "Mira, ahora es tiempo de silencio y no podemos hablar"».

* * *

Ya estaba enfermo Mayorino, y la enfermedad estaba avanzando[1]. Sus padres le preguntaron:

—¿Quieres que venga a verte el médico?

Incluso entonces, él dio la respuesta habitual:

—Hablad con el Teólogo: haré lo que él crea conveniente.

Había anotado en su libreta: «¡Llegar a ser santo! ¡Qué cosa tan hermosa y tan grande! Y pensar que el camino es fácil: simplemente hacer bien lo que me manden».

Sinceridad

«Los jóvenes sinceros son los que más fácilmente mejoran», decía el gran educador Don Bosco. Mayorino era sincero, incluso en las cosas más pequeñas.

Relatando algunos episodios de su infancia, contaba también, sin tapujos, sus pequeñas travesuras. Es más, se puede decir que estas eran las únicas cosas que contaba de aquella edad.

Su alma era como un espejo muy terso, en el que cualquiera podía leer. A sus superiores les abría enteramente su corazón.

En la Escuela Tipográfica, antes de ir a descansar, el director suele proponer algún buen pensamiento, narrar un hecho, comentar algo destacable ocurrido durante el

---

[1] Afectado por una pleuresía en la primavera de 1918, Mayorino tuvo que interrumpir sus estudios y regresar con su familia, como se dirá más adelante.

día o también dar un aviso, para finalizar con un deseo de buenas noches. Los jóvenes devuelven el saludo y se van a descansar. Sin embargo, muchos también quieren acudir al director para manifestar una necesidad, para acusarse de alguna falta, para pedir algún favor y hasta para confesarse. Esta costumbre se introdujo y se mantuvo espontáneamente por parte de los mismos alumnos; sirve para mantener el afecto, la unión e, incluso, la convivencia entre el director y los jóvenes, que van adquiriendo así una confianza, difícil de imaginar, con el director.

Como un cristal

Mayorino era de los más asiduos; todas las noches hubiera querido rendir al director cuentas minuciosas de su jornada.

—No todas las noches –le dijo el director–, sino dos veces por semana: además no debes ser tan detallista, sino referirme solo algunos puntos –y se los señaló.

Y nuestro querido jovencito obedeció.

Una noche tuvo lugar esta conversación entre el director y él:

—Yo tengo realmente mucho interés en que conozca bien mi alma, quiero contarle todo, absolutamente todo.

—No te preocupes: tienes 13 años y yo te conozco desde hace ocho.

—Pero me gustaría que usted supiera incluso las cosas más pequeñas del día y cómo las hago, a fin de que pueda corregirme.

—Escucha: eres demasiado meticuloso; para ser bueno hay que ser diligente, pero no diligentísimo.

—No entiendo.

—Quiero decir que no debes hacer muchos propósitos a la vez, sino uno, dos, o como máximo tres; sobre estos tendrás que examinarte y contarme cómo ha ido.

—¿Cuáles debo hacer?

—Creo que harías bien en hacer estos dos –y se los expresó.

—¿Y todo lo demás?

—Con esos dos propósitos también lo demás irá bien.

—Pero yo quiero que usted me conozca bien, quiero confesarme con usted.

—No te lo prohíbo ni te lo aconsejo; reza y haz lo que el Señor te inspire.

—Bueno, pues vendré con usted.

—Pues prueba; pero cada semana seguirás yendo a la parroquia con los compañeros que se confiesan allí y podrás hacerlo también tú con comodidad.

—Pero usted, ¿me advertirá realmente de todos mis defectos?

—Sí, hasta donde yo pueda ver.

Caridad

Estimaba tanto esta virtud, que un domingo por la noche dio a sus compañeros una hermosa pequeña conferencia sobre esta amada virtud:

En el prójimo hay una imagen de Dios: lo que hacemos a los demás, Jesús lo considera como hecho a él mismo.

Debemos amarnos unos a otros como hermanos de una misma familia, aconsejarnos unos a otros y evitar, en lo posible, las ofensas a Dios.

¿Tu compañero ha cometido un error? Saca la viga que tienes en tu propio ojo antes de buscar la paja que está en el ojo de tu hermano.

Si, cuando murmuramos, escarbáramos un poco más profundamente, noventa y nueve veces de cada cien descubriríamos que estamos equivocados. Si oímos murmuraciones, tratemos de interrumpir la conversación.

Entre nosotros deben reinar siempre la alegría y la caridad; así el diablo no podrá entrar[2].

Si alguna vez cometía alguna descortesía hacia sus compañeros, incluso si pasaba desapercibida, se disculpaba inmediatamente.

Al principio sentía repugnancia en prestar sus libros y cuadernos, por miedo de que se los estropearan o mancharan. Advertido de que la caridad era una virtud mayor que el orden, se corrigió, prestaba de buena gana, no se quejaba de los daños y, cuando se presentaba la oportunidad, hasta los regalaba.

También trabajó asiduamente para reprimir aquellos impulsos de envidia que surgen tan espontáneamente en los corazones de los chiquillos. En este punto aceptaba de buen grado cualquier corrección.

---

[2] Esta es la pequeña conferencia que conmovió también al maestro Giaccardo (cf G. T. GIACCARDO, *Diario,* San Paolo, Cinisello Balsamo 2024, 18 de enero de 1918, 128).

Su caridad se expresaba de muy diversas maneras. Era muy estricto consigo mismo para no admitir jamás la más mínima sospecha o juicio temerario. Disculpaba de buena gana a los demás: «¡Pobrecitos! –decía de algunos chicos que se habían burlado de él porque lo veían fervoroso–; no han tenido una buena educación».

Cuando se presentaba la oportunidad, también sabía decir una buena palabra:

En los primeros días –contaba un compañero–, yo sentía que la vida era demasiado dura. Él me dijo muchas veces: «Sé bueno y reza mucho: escucha a san Pablo que te llamó a venir a esta Casa a trabajar en la obra de la buena prensa: de lo contrario él no te querrá y te despedirá, como te ha dicho el señor Teólogo. Y si te vas, ¡acabarás mal, sabes! Reza a la Virgen y ella te ayudará».

Apostolado de la oración

No pudiendo aún predicar, como hubiera deseado, y, sin embargo, con un gran deseo de hacer el bien, se inscribió en el Apostolado de la oración[3]. En esta asociación nuestras intenciones se hacen más puras, más santas, más eficaces, porque se identifican con las que el mismo Jesús tiene en la Santa Misa.

---

[3] Movimiento nacido en Francia el 3 de diciembre de 1844, fundado por el padre jesuita Ramière para sus alumnos; se extendió y se convirtió en una organización, que fue aprobada por el papa Pío IX. El boletín Mensajero del Sagrado Corazón de Jesús promovió su doctrina y su difusión. Millones de personas practican cada día la *Ofrenda del Día* con la oración «Corazón Divino de Jesús, te ofrezco...», que el mismo padre Alberione recitaba todas las mañanas.

Mayorino rezaba todos los días la fórmula de ofrecimiento cuando se despertaba por la mañana y luego la repetía con vivo fervor al menos cinco veces durante el día. Para él, todo debía hacerse según las intenciones de Jesús.

Después, pocas gracias particulares tenía para pedir, porque todo estaba ya incluido en su intención general.

En su corazón abrazaba especialmente a los moribundos: «¡Ciento cuarenta mil mueren cada día! ¡Quién sabe cuántos de ellos necesitan oraciones!». Por eso se unió también a la Pía Unión del Tránsito de san José y repetía al menos cuatro veces al día la jaculatoria: «Oh san José, padre adoptivo de Jesucristo y verdadero esposo de la Virgen María, ruega por nosotros y por los agonizantes de este día (esta noche)».

Humildad

En algunas ocasiones, quien no conocía bien a Mayorino habría dicho que arrastraba en su corazón una buena dosis de soberbia. Insistía en sus razones, defendía sus trabajos, hacía mil planes. En cambio, era una cuestión de celo y ardor por la verdad y el bien. Tanto es así que, cuando se le instruía o corregía, era capaz de reconocer inmediatamente la verdad y aceptaba en paz incluso las observaciones y las humillaciones.

Tenía un concepto bastante bajo de sí mismo, conocía bien su nulidad y era sobradamente consciente de sus defectos.

Las pocas cartas que el director tuvo oportunidad de recibir de él llevaban siempre esta firma: «Soy su más indigno alumno, Vigolungo Mayorino».

Castidad

«Quien vive castamente no se perderá», anotó Mayorino. En este punto tenía una delicadeza muy especial. Como una paloma blanca que no se mancha, ni siquiera cuando debe posarse en la inmundicia, así Mayorino supo atravesar los peligros de la tierra sin contaminarse.

Todos los días rezaba un Avemaría, con la jaculatoria: *«Mater purissima»*, para mantener inmaculado su corazón.

Su modestia en las miradas durante el paseo era al principio incluso exagerada, pero con una exageración comprensible en un muchacho que aún no tenía toda la instrucción necesaria. Su conversación era muy modesta, aunque muy bromista, nunca hacía la menor alusión a nada que fuera ni siquiera remotamente peligroso; no hablaba ni siquiera de fiestas, canciones o diversiones mundanas.

No es que ignorase por completo ciertas cosas: al contrario, tenía por norma pedirle al director explicaciones sobre este tema siempre que no entendía o no comprendía cosas que leía.

Era extremadamente casto en sus pensamientos, en sus afectos, en todo su comportamiento[4].

----

[4] «Debido a su precoz desarrollo, no solo psicológico sino también físico, tuvo que luchar duramente contra los pensamientos impuros que lo asaltaban, pero obtenía la

«Huye de la ocasión»

Como todos los jóvenes, especialmente los de carácter ardiente, Mayorino era tentado a menudo y violentamente. Su propio temor, que le preocupaba excesivamente, le provocaba tentaciones. A veces lo atormentaban con una virulencia excepcional, pero él estaba siempre vigilante, siempre atento, siempre dispuesto. El diablo lo encontraba siempre alerta y mortificado. A veces, después del combate, preguntaba, algo desconcertado: «¿Acaso habré consentido?». Pero por todos los indicios era fácil responderle: «No, puedes estar tranquilo».

La alegría brillaba entonces en sus ojos y su pensamiento volaba inmediatamente hacia la Virgen: «Gracias, María».

* * *

En la tipografía, los jóvenes utilizaban un bote de hojalata para conservar la cola de encuadernar. Lo había entregado el director. Llevaba la figura de una persona que, sin estar indecentemente cubierta, podía estar mejor. Mayorino la había embadurnado. Sin embargo, un día le dijo a un compañero: «He embadurnado varias veces esta figura y siempre vuelvo a encontrarla así». «Oh, pero ¿es tan fea esta figura?». «Pues esta vez hasta voy a rasparla y nadie la volverá a ver». Y así lo hizo.

victoria recurriendo a la Santísima Virgen María y recitando algunas jaculatorias para estar más unido a Dios. Para vivir la unión con Dios ponía siempre en práctica ciertas máximas de san Alfonso María de Ligorio y de Silvio Pellico, que había anotado en su libreta y que leía a menudo» (S. ALBERIONE, *Retiro a las comunidades romanas*, 20 de diciembre de 1961).

Incluso cuando estaba ya gravemente enfermo, no quería que nadie lo tocara: él mismo se acondicionaba todo lo que podía. Su madre, que lo asistía, conocía muy bien el corazón de Mayorino, y por eso tenía, y hacía que los demás tuvieran, todo el recato que sabía que a él le gustaba.

Incluso cuando ya deliraba a causa del mal, en los instantes en los que parecía volver en sí, se mostraba decidido y recobraba por unos momentos su energía habitual para rechazar todo contacto, incluso inocente y sin apariencia de peligro.

Desapego

Su espíritu de desprendimiento se conoce por ciertas trivialidades. Él llevaba cuenta de todo: si encontraba un trozo de papel, un recorte de la máquina que todavía pudiera servir, se lo llevaba al director para que pudiera utilizarlo para escribir direcciones o tomar notas. Tenía sus libros y sus cuadernos de «en limpio» pulcros y ordenados. En su armario cada cosa estaba en su lugar y cuidadosamente doblada.

Una noche, ya tarde, el director oyó que llamaban a su puerta: «Adelante», respondió. Entró Mayorino y, con la cabeza gacha, dijo: «Hoy no he prestado suficiente atención y dejé perder una hoja de papel; ¿puedo aun así recibir la Comunión mañana por la mañana?». «Sí, querido muchacho, únicamente pídele al Señor que te permita reflexionar siempre sobre tus deberes».

Se preocupaba de estar siempre limpio y ordenado en lo que respectaba a su ropa, a su persona y a sus zapatos. Sus familiares no recuerdan que llegara a permitirse gasto alguno innecesario o de glotonería. Es más, para evitar la oportunidad de hacerlo, entregaba voluntariamente al director el poco dinero que sus familiares le daban. Nunca gastaba nada sin pedir permiso a sus superiores.

* * *

Unos días antes de que le sobreviniera su última enfermedad, todos los chicos regresaban con su director de un agradable paseo. Viéndolos a todos a su alrededor, les preguntó:

—¿Adónde preferís que vayamos este año al paseo *largo*?[5].

Y los jóvenes:

—A Cherasco, a Bra, a los Piloni de Montà[6], al Santuario de Castiglion Tinella...

Y cada uno hacía su propuesta.

—Bueno –dijo el director–, os propongo dos sitios: a la Auxiliadora de Turín[7] o a los Piloni de Montà. Pero tened en cuenta las condiciones: si es a los Piloni de Montà, yo pagaré todos los gastos; si es a Turín, en cambio, el viaje de ida lo pagaréis vosotros. Elegid.

---

[5] Un día de excursión que se hacía generalmente una vez al año.

[6] Piloni: es un famoso santuario mariano en la colina de Montà (pueblo natal del canónigo Chiesa), a unos 20 kilómetros de Alba.

[7] Auxiliadora: monumental santuario erigido cerca de la Casa madre salesiana. Alberga las urnas de tres santos: Don Bosco, Domingo Savio y María Mazzarello. Cerca se encuentra también la Pequeña Casa de la Divina Providencia (Cottolengo).

—¡A Turín, a Turín! –gritaron alegres todos los jóvenes–. Queremos ver la imprenta del Momento[8], de los Salesianos y la obra del beato Cottolengo.

Solo Mayorino permanecía en silencio; parecía perdido en sus pensamientos. Un compañero interpretó ese silencio como desacuerdo porque no tenía dinero y le dijo: «¿Temes que tus padres te nieguen cinco liras?». Mayorino guardó silencio.

El director, para zanjar un tema que le parecía embarazoso para Mayorino, interrumpió la conversación diciendo: «¡Oh, estad tranquilos! Si él quisiera ir, sus parientes tienen dinero suficiente y lo quieren tanto, que con gusto se lo darían; es más, él ya me ha entregado mucho más de cinco liras». Y se cambió de conversación.

Una vez en casa, el director quiso interrogar a Mayorino: «¿Por qué has estado tan indeciso?»

«Me pareció que eso iba contra el espíritu de pobreza –respondió él–, y sería pedir demasiado a los míos, que hacen ya tantos sacrificios. Pero ahora comprendo que ese gasto nos puede ser útil y hablaré de ello a mis padres en cuanto los vea».

Así lo hizo, y le dieron el dinero, pero a Turín no fue nunca más: el dinero se empleó, en cambio, como sus demás ahorros, para celebrar Misas en sufragio por su alma[9].

---

[8] Diario católico de Turín, apreciado por la valentía y el equilibrio de sus posiciones en las disputas políticas y sociales de la época. En septiembre de 1920, después de una semana de huelgas de los impresores socialistas, los jóvenes del padre Alberione fueron invitados a garantizar la impresión de dos números del periódico (cf G. BARBERO, *Il Sacerdote Giacomo Alberione, un uomo - un'idea*, Società San Paolo, Roma 1991[2], 315, nota 17).

[9] De hecho, afectado por la grave enfermedad que le obligó a regresar con su familia, Mayorino murió el 27 de julio de 1918.

Su madre, que lo asistió con amor y constancia en su última enfermedad, decía: «Este bendito hijo no tiene interés en cómo van los campos ni en los asuntos de la casa: parece que ya no piensa en las cosas de esta tierra. Tiene siempre presentes sus estudios, sus pensamientos, la oración».

Mortificación

Nunca se le vio tomar nada, sin necesidad, fuera de las comidas.

Si sus familiares le regalaban algo: fruta, dulces o cualquier otra cosa, todo lo llevaba a la cocina para consumirlo todos juntos. Si era algo de poca importancia se lo ofrecía a algún compañero.

En invierno sufría de sabañones, muy dolorosos, en las manos. A menudo, se le agrietaban y eran resistentes a cualquier tratamiento. Él no se quejaba en absoluto, simplemente lamentaba que le impidieran trabajar un poco más. Una vez le dijo a un amigo:

—Sería mejor no tenerlos para poder trabajar más.

—Pero la voluntad de Dios es que los soportemos –le respondió él.

Mayorino asintió con la cabeza en señal de aprobación y no dijo nada más.

Ofrecía constantemente al Señor ese sufrimiento.

Una vez el director se dio cuenta de que en la comida, después del plato principal, había dejado la fruta. Llamándolo aparte, le prohibió hacer eso. No lo volvió a hacer.

En otra ocasión pidió al director que se le permitiera dejar el vino. No le permitió hacerlo y él obedeció. Pero, teniéndolo muy cerca, el director notó que siempre encontraba la manera de mortificarse de algún modo: invitaba a los demás a servirse primero, dejaba cualquier cosa sin que los demás lo notaran, masticaba despacio aunque se sentía inclinado a la glotonería: observaba las reglas de etiqueta y sabía utilizar con los demás todas las delicadezas adecuadas en una comunidad.

El tiempo es precioso

«El tiempo vale lo que vale Dios», dijo un santo. ¡Eh, sí!, porque en cada minuto de tiempo podemos ganar o perder el cielo, el alma, a Dios. Mayorino tenía en cuenta esto al máximo.

Su diligencia le valió la estima del director. A menudo, Mayorino se quedaba solo trabajando en la tipografía, a salvo de la mirada de sus asistentes, en trabajos delicados. Él los realizaba con puntualidad y precisión.

Ya se sabía que no iba a perder ni un minuto.

Y este era uno de sus propósitos:

Me propongo guardar silencio en la tipografía; no hablar, a menos que sea absolutamente necesario, en el estudio; no perder tiempo en ningún lugar. Tampoco en la tipografía [donde a menudo trabajaba solo]; no perderé ni un solo segundo de tiempo.

Había terminado un largo trabajo tipográfico y estaba a punto de comenzar otro que le llevaría mucho tiempo. Faltaban pocos minutos para el *finis*[10]: «¡No tiene sentido empezar!», observó un compañero. Y él: «¿Porque queden pocos minutos, voy a perderlos?». Y sin más, se puso manos a la obra.

Pequeños sacrificios

A veces se trataba de pequeños sacrificios, esos que nunca faltan en la vida, y menos aún en las comunidades. Mayorino los realizaba con cara de resignación, pero a veces con alegría.

Su maestro, que lo observaba habitualmente, escribió sobre él:

¡Por el Señor! ¡Por el amor de Dios! Cuántas veces oí esta respuesta de Mayorino cuando le preguntaba: ¿Por quién haces esto o lo otro? Lo acompañé a casa cuando enfermó de pleuresía. Mostraba un gran deseo de llegar pronto, pues soplaba una brisa fría; pero no profirió ninguna queja. Me despidió diciéndome que estaba muy contento de hacer la voluntad de Dios y dispuesto a sufrir en paz y tranquilidad todo lo que el Señor le enviara[11].

---

[10] Señal que indicaba el final de la actividad que se estaba desarrollando.

[11] Esta declaración del «maestro», Timoteo Giaccardo (sin fecha), pone de relieve un detalle: el viaje, en carro, no en coche como se dirá en otra parte, tuvo lugar en abril. Mayorino, envuelto en un manto, iba sentado entre el padre Giaccardo y el Dr. Vico, el médico de la comunidad.

La lucha espiritual

La verdadera santidad se conoce por la lucha contra nuestras malas inclinaciones. Y precisamente por eso he creído útil escribir estas páginas, porque rarísimamente se encuentran almas que libren una lucha tan constante y enérgica.

Mayorino tenía un carácter vivaz y muy irascible: cuando era pequeñito se enojaba por cualquier cosa. Pero en poco tiempo consiguió, con constante vigilancia y violencia sobre sí mismo, contenerse y adquirir un autodominio ejemplar. Se observó en varias ocasiones. Entre los muchachos hay fáciles y frecuentes ocasiones de pequeñas peleas: Mayorino las evitaba tanto como podía. Para superarse a sí mismo, si por casualidad se equivocaba, se disculpaba lo antes posible con su compañero.

* * *

Hubo algunas ocasiones de pequeñas disputas: era fácil entonces, para un ojo experto y atento, detectar qué violencia interna se hacía Mayorino para no dejarse llevar por su carácter. Después de una confesión escribió: «Prometo no dejarme llevar nunca más por la ira».

* * *

Un compañero le pidió más de veinte veces un favor que Mayorino no podía concederle, y con tanta insistencia, que debió ser para él muy doloroso.

Se podía percibir muy bien cómo sufría el pobre muchacho. Le rogaba al otro que no volviera a pedírselo, le explicaba los motivos, muy razonables, de su negativa, pero él repetía su petición una y otra vez. Por dos veces le preguntó al director si podía satisfacer a su compañero: cuando oyó que no podía, se mantuvo firme, pero no tuvo una sola palabra áspera para su importuno compañero, aunque a cada nueva insistencia sentía que la sangre le hervía de rabia.

El Señor no mide los méritos por lo que uno hace, sino por el amor con que lo hace. Un alma puede alcanzar una gran santidad en poco tiempo, incluso en pocos meses, obrando con gran fervor, con vivo amor.

Fuerza de voluntad

Estas son algunas expresiones que leemos en sus memorias:

- «Con la gracia del Señor y de la Virgen quiero llegar a ser santo, gran santo, pronto santo».
- «¡Basta de pecados! ¡Méritos, méritos!».
- «San Pablo, de feroz perseguidor de cristianos, se convirtió en un ardiente apóstol de Jesucristo. Yo, de travieso que era antes, quiero, con la gracia de Dios, llegar a ser santo. El premio que me espera es enorme. ¡Ánimo, pues, para ganármelo!».
- «Avanzar al menos un poquito cada día en la virtud, hasta la muerte».
- «Dios mío, solo a ti te amo, y nada más».

- «Oh Jesús mío, quiero llegar a ser santo, ayúdame».
- «Jesús, ayúdame: quiero llegar a ser santo, verdaderamente santo, seriamente santo, de verdad santo».
- «Oremos y no nos cansemos nunca de orar».
- «Que pueda yo decir al final del año que no he cometido ningún pecado. Por tanto, ¿qué me espera? ¡el cielo!».
- «Quien quiere llega a ser santo. Querer es poder».
- «El que reza se salva, el que no reza se condena».
- «Hay que decir todos los días: quiero, quiero, quiero».
- «Descendamos frecuentemente al infierno con el pensamiento mientras vivimos para no caer en él después de la muerte»[12].

Anota su maestro: «Muchas veces me he sorprendido diciéndole alguna buena palabra. Él la recibía con una sencilla sonrisa, volviendo la mirada hacia mí o con la cabeza inclinada. Si estábamos en el recreo o de paseo, quería que estuviéramos cerca para poder hablar de Dios y del cielo».

En una carta a su hermano soldado –que ya no pudo enviar a causa de un ataque muy violento de la enfermedad–, le decía: «Querido hermano, tengo una cosa que decirte: reza también por mí, para que pueda llegar a ser santo...».

---

[12] En estas «máximas» registradas por Mayorino en sus cuadernos, es evidente el eco de las meditaciones y de los autores citados por los padres Alberione y Giaccardo: san Agustín, san Alfonso, Silvio Pellico, Vittorio Alfieri...

Había fijado en el papel y más aún en su alma esta máxima, que recordaba cuando se disponía a realizar una acción de cierta importancia: «Si murieras dentro de una hora, ¿estarías preparado?». Para no olvidarla, la escribía en las estampas que guardaba entre sus libros o en la mesa de estudio.

Recuerda los novísimos

A alguien se le ocurriría pensar que, quizás, el ardor de Mayorino era fruto de puro sentimentalismo, algo fugaz, uno de esos frecuentes arrebatos juveniles.

No, se apoyaba en fundamentos muy sólidos; porque nacía de la consideración de las verdades más fuertes de la religión, especialmente de los novísimos[13].

Veamos algunas de sus expresiones:

- «Para tener una buena muerte, hay que tener una vida santa».
- «Recuerda que se puede morir de un momento a otro: hay que estar siempre preparado».
- «Pensemos a menudo en la vergüenza que nos provocarán nuestros pecados el día del juicio».
- «¡Ay de aquel que muere en pecado mortal!».

---

[13] Como se sabe, los «novísimos» –las últimas realidades, tradicionalmente identificadas con la Muerte, el Juicio, el Infierno y la Gloria– estaban entre los temas más recurrentes en la predicación del padre Alberione, quien les atribuía una eficacia decisiva en la formación de los jóvenes (cf «Formación humana», «Para una conciencia social», en *Alma y cuerpo para el Evangelio,* Sociedad de San Pablo, Casa General, Roma 2005, 274-277).

- «El fuego del infierno penetra hasta la médula de los huesos de los condenados».
- «Sobre el infierno se puede escribir: *siempre* y *nunca*, es decir, siempre se estará allí, nunca se saldrá».

Para tener más presente el pensamiento de la muerte, había dibujado un ataud y lo miraba con frecuencia.

El corrector

¡Todo esto no era suficiente! «El director no siempre me ve –decía–; necesito alguien que me observe con atención y me corrija incluso en las cosas más pequeñas».

Y escogió un compañero corrector[14]. Acudía a él con frecuencia e insistía en preguntarle: «¿Qué has visto?». Y como el otro a menudo no había observado ni siquiera la más mínima falta inadvertida, él se quejaba al director: «Mi compañero nunca me dice nada. Quizás tiene demasiado trabajo; no me observa. Indíqueme otro».

Contra los defectos del carácter

Ponía toda su atención en vencerse a sí mismo y en corregirse de sus malas inclinaciones, aunque no fueran

---

[14] Era el joven Bartolomeo [Paolo] Marcellino quien testificó sobre él lo siguiente: «Con Mayorino Vigolungo entramos [en la Escuela Tipográfica] prácticamente el mismo día: él la tarde anterior, yo la mañana siguiente; pero él era más joven que yo, dos años menos. Más tarde el primer Maestro me lo encomendó como mayor: "Cuida tú de él, porque ya sabes lo que se debe hacer"; así que lo seguía de alguna forma y él venía a mí a contarme sus historias; eran todas pequeñas cosas; no tenía problemas» (entrevista concedida al padre G. Roatta hacia 1975).

pecaminosas. Era tan tímido, que tenía mucho miedo a la oscuridad: advertido, intentó varias veces entrar en las habitaciones de noche, completamente solo y sin luz.

Tenía también mucho miedo al enchufar la energía eléctrica a las distintas máquinas, pues le aterrorizaban las chispas que producía el menor contacto de los cables; pero poco a poco, con continuos esfuerzos, fue adquiriendo sangre fría y dominio de sí mismo.

En el comedor, es costumbre que los jóvenes pasen aproximadamente la mitad del tiempo de la comida y de la cena leyendo por turno un buen libro. Mayorino, que parecía tan espontáneo durante el recreo, tenía que esforzarse mucho para superar la repulsión que le producía leer en público.

Había tomado el hábito de dormir durante el invierno acurrucado en su cama. Le advirtieron que esto era antihigiénico y no lo hizo nunca más.

En la mesa, el director, al tenerlo cerca, notó muchas veces que comía de todo indiferentemente, fuese de su gusto o no.

«Quiero estar siempre alegre»

Este era uno de los propósitos de Mayorino. Es más, procuraba que los demás estuvieran alegres: jugaba, cantaba, reía, contaba chistes y a veces hasta decía cosas extravagantes.

Y lo hacía por dos motivos: para ahuyentar las tentaciones y para observar la regla que establece el recreo para la necesaria distensión.

El diablo, para tentar, busca a los desocupados: Mayorino no quería dejarle tiempo para hacerlo. Temía tanto la tentación que su temor podría calificarse de excesivo.

Durante el recreo también promovía juegos y muchas veces era el alma de la alegría. A menudo, en la mesa, durante el rato en que se permitía hablar, todos se dirigían a él y él sabía entonces cómo disipar el mal humor de cualquiera. El verdadero espíritu de oración no conoce la tristeza ni la melancolía.

6
Estudio y clase

Llegar a ser sacerdote, apóstol de la buena prensa, requiere mucha formación. Por eso Mayorino amaba el estudio y, con amor, dedicaba a él todo el tiempo disponible.

Por el exterior se conoce el interior. Sus libros y cuadernos llevaban las iniciales JMJP (Jesús, María, José, Pablo). Él era muy ordenado: los cuadernos en limpio los tenía escritos con todo cuidado y sin correcciones, con hermosa caligrafía, con el margen blanco bien respetado, incluso usando tinta de diferentes colores, cuando se trataba de títulos o de cosas a recordar de una manera especial. En cambio, los cuadernos de borradores, estaban repletos, atiborrados de correcciones.

Y al igual que el exterior, así de ordenadas estaban sus ideas.

Sentía por su maestro una verdadera veneración, hecha de estima y de devoto afecto. Lo escuchaba como si estuviera en la escuela de Jesús, según lo que él mismo había anotado: «La escuela es un templo, Dios es la verdad». No sé hasta qué punto entendía estas palabras, pero poseía muchas luces espirituales. El Espíritu Santo se comunica con las almas humildes y sencillas, *«intellectum dat parvulis»*[1], como era él. Por otra parte, estaba muy atento a las meditaciones y, entre otras, tenía bien grabada en su mente aquella serie que tenía por tema: id a clase como iríais a la iglesia.

Los chicos de la Escuela Tipográfica deben estudiar y trabajar: les asiste una gracia especial[2]. Esto es tan cierto que, en los 18 meses de estudio, Mayorino había logrado al menos los progresos que habría obtenido en 36 meses con otros métodos y en otros lugares, donde solo se estudia. En cuanto al trabajo tipográfico, en esos 18 meses, aunque con profesores muy mediocres, consiguió hacer lo que en otro lugar habría aprendido al menos en tres años. En ocasiones, la Gazzetta d'Alba[3] la imprimió él íntegramente.

Su esfuerzo en el estudio era tal que le causaba una ansiedad incluso perjudicial para su salud, de modo que solo la buena fe lo excusaba de falta.

Su progreso era muy notable: él quería comprender bien y no tenía miedo de que le considerasen torpe por pedir explicaciones.

Al principio, se excusaba con insistencia incluso de aquellos errores que no lograba percibir inmediatamen-

---

[1] «Da inteligencia a la gente simple, a los pequeños» (cf Sal 118,130).

[2] «El querido Padre [Alberione] ha explicado la naturaleza del estudio en casa: estudiar una hora y aprender por cuatro. Él ha hecho un pacto con el Señor. Los jóvenes de la buena prensa no habrían recibido una educación completa solo a través del estudio. Ellos también tienen que trabajar... Por tanto, el señor Teólogo nos haría trabajar y rezar, y el Señor se comprometería a hacernos aprender cuatro veces más. Esto no solo en el estudio, sino en toda la vida» (G. T. GIACCARDO, *Diario*, San Paolo, Cinisello Balsamo 2004, 5 de enero de 1919, padre 201).

[3] El semanario de la diócesis de Alba, que desde 1913 le fue encomendado al padre Alberione.

te. Cuando lo advirtieron, hizo por escrito un propósito firme: «No quiero disculparme más». Y se corrigió.

No evitaba las dificultades, sino que las afrontaba; muchas veces en el recreo, de paseo o en la mesa, pedía explicaciones, exponiendo las dificultades a quien esperaba que se las pudiera resolver.

En el estudio consideraba que lo primero era el deber, luego la lectura. Mostraba con sencillez sus traducciones, hasta que se entendían bien: aceptaba las correcciones, no insistía, ni se molestaba; reconocía con naturalidad sus errores y no presumía de sus éxitos.

En clase hacía trabajar a la pluma: si oía algo que merecía especial atención, lo escribía y era muy diligente en anotar los trabajos y las lecciones.

Llegaba a clase, en la medida de lo posible, con sus tareas en regla y con las lecciones estudiadas: sus notas eran las mejores.

En su mesa de estudio y en su pupitre tenía siempre delante la imagen de la Virgen y de san Pablo: ¡cuántas veces, en medio de las dificultades, dirigía hacia ellos su mirada y una jaculatoria! Después de su muerte, sus compañeros, recordaban muy bien los besos ardientes que les daba al colocarlas y al retirarlas.

En Casa había la costumbre de empezar la clase con la lectura de algún pasaje del evangelio. A Mayorino le gustaba mucho esta lectura; y cuando le llegaba el turno de leer, se notaba, por el empeño que ponía y por la expresión de su voz, que sentía un vivo consuelo en el alma. ¿Por qué? Se le escapó una vez durante el recreo: «Ese no es un libro humano, sino el libro de Dios». Tenía también bien grabadas en su mente las palabras de san Agustín: «Hay que tener el mismo cuidado de las partículas de la sagrada Escritura que de los fragmentos de la Santísima Eucaristía».

Amor por la prensa

Aquí culminaban todas las tendencias, aspiraciones y deseos de Mayorino por lo que quería hacer en esta tierra para merecer el cielo. En 1917, se predicó un breve curso de Ejercicios espirituales a los jovencitos de la Escuela Tipográfica. Él participó en ellos con especial entusiasmo. A las oraciones, a los ejercicios de piedad, a las Santas Misas, él llevaba un ardor redoblado: en el tiempo de reflexión se sentaba en su banco, meditando; en los tiempos libres paseaba dejando deslizar el rosario, o bien, hacía el resumen de las charlas, anotando especialmente los pensamientos que más le habían impresionado.

Pero el pensamiento dominante para él era el de la vocación; y al final expresó su decisión:

Con la ayuda de Dios –escribió– y bajo la protección de san Pablo, quiero y decido consagrar toda mi vida a la buena prensa.

La prensa es el primer poder, ella dirige el mundo.

En nuestros tiempos, la importancia de la buena prensa es inmensa.

Había compuesto también una breve conferencia sobre la buena prensa: seguramente habría hecho honor incluso en boca de un sacerdote maduro. En ella, entre otras cosas, insistía: «Aplastemos la mala prensa, porque es una plaga peor que la peste, el hambre o la guerra».

Cuando oía hablar de algún libro nuevo o de una revista que no conocía, inmediatamente preguntaba: ¿Es bueno o malo? Y dependiendo de la respuesta, se podía ver aparecer inmediatamente en su rostro una viva alegría o una profunda tristeza.

* * *

La necesidad en que se encontraba la Escuela Tipográfica, sobre todo en los primeros meses de 1918, de hacer salir a tiempo las 20 revistas que publicaba, obligaba a veces a que algunos maquinistas tuvieran que adelantar o retrasar la hora de la comida. Había una competición entre los jóvenes para pedir este sacrificio. Mayorino era uno de los primeros en pedirlo; luego se quedaba tranquilamente esperando: «Haré lo que quiera el jefe». Y permanecía tranquilo fuese cual fuese la decisión.

—¿No te molesta? –le preguntó una vez el director.

—Oh, un poco, pero eso es por la buena prensa.

* * *

Tenía grabada en el corazón esta consideración: todo buen sacerdote se alegra de ver el domingo a mil oyentes escuchando la Palabra divina. Ahora bien, el buen periodista predica a todas horas, todos los días, a muchos miles de lectores que le pagan también al predicador. Mayorino se sentía feliz los domingos; y una vez le explicó su felicidad a un compañero:

> Ves, mientras hoy nos divertimos, estudiamos o rezamos, más de diez mil almas están escuchando nuestra predicación... Nosotros hemos enviado hoy más de diez mil ejemplares de nuestras revistas. ¡Cuántas gracias tenemos que dar al Señor, que nos da, siendo tan pequeños, la oportunidad de hacer tanto bien! ¿Qué predicador tendrá hoy tantos oyentes?

Su ardiente compromiso con el buen trabajo en tipografía y con toda su aplicación en el estudio dependía de este amor por la imprenta, de su deseo de triunfar en lo que consideraba su vocación.

De este amor a la prensa, del deseo de tener éxito en lo que consideraba su vocación, dependía su compromiso ardiente por trabajar bien en la tipografía y estudiar con toda aplicación.

Mientras trabajaba, rezaba al Señor para que bendijera su trabajo: de vez en cuando miraba la imagen de san Pablo y pedía su protección: «San Pablo apóstol, nuestro protector, ruega por nosotros y por la obra de la buena prensa».

En su ingenuo celo, le pidió varias veces al director que le permitiera ir a pregonar por las calles las buenas revistas.

A los más pequeños

Al oírle hablar de la buena prensa, venía espontánea la exclamación: ¡El Señor se revela a los pequeños, que a veces comprenden más que los mayores! Su palabra adquiría una energía insólita; a veces su rostro se iluminaba, sus frases eran cortas, pero incisivas.

Junto a la Escuela Tipográfica, que reúne a los futuros apóstoles de la buena prensa, existe una pequeña familia de chicas[4], que se dedican a diversas obras de celo apostólico, pero especialmente a la buena prensa: promueven suscripciones a las buenas revistas, mantienen una pequeña biblioteca popular, tienen un depósito de las mejores ediciones de las librerías católicas, componen[5] e imprimen.

A veces incluso los chicos, con las debidas reservas, ayudaban a vender los libros. Mayorino era siempre uno de los primeros en pedir esta tarea. Una mañana se lo concedieron. Todos notaron entonces que en su rostro brillaba una alegría particular. Mientras estaba mirando los libros, los presentes notaron que su semblante se animaba; y le oyeron exclamar: «¡Qué bonitos son! ¡Oh! ¡Si todo el mundo los comprara y los leyera! ¡Cuánto bien harían!».

En una carta, invitando a su padre a preferir el periódico católico al liberal[6], le decía:

---

[4] Chicas y jovencitas que formaban el Laboratorio Femenino, que comenzó en 1915, que es el primer núcleo de la Pía Sociedad de las Hijas de San Pablo.

[5] Se refiere a la composición tipográfica de textos escritos.

[6] Con evidente alusión al diario turinés La Stampa.

Compra el periódico bueno porque yo, tu hijo, trabajo, rezo y estudio, para que el periódico católico triunfe en todas partes... No digas que el periódico liberal está mejor impreso, porque, además de que no es verdad, también me ofenderías a mí, que soy alumno misionero de la buena prensa.

Pequeño escritor

Anticipaba el momento, que él ya vivía con su pensamiento, en el que publicaría sus artículos. A veces componía alguno, lo mandaba corregir, lo adaptaba a todas las correcciones y luego lo enviaba para su publicación.

Si era rechazado, lo soportaba tranquilo, resignado, sin desanimarse; si era acogido, para él era una fiesta.

Entre otros, recuerdo que se imprimió uno que trataba de los deberes de los padres.

Dos de sus artículos tenían ciertamente una sabiduría muy superior a lo que podía esperarse a su edad: hablaban de la moda escandalosa y de la blasfemia como causa de la prolongación de la guerra[7].

* * *

San Estanislao Kostka[8] había hecho el propósito de escribir a su tiempo un libro para defender la Inmaculada

---

[7] Era la I Guerra Mundial, que había durado tres años y en esos meses había registrado las páginas más trágicas de su historia.

[8] Jesuita de familia noble polaca (1550-1568), murió en Roma durante su noviciado.

Concepción de la Santísima Virgen María. Mayorino ya había pensado también en algunos libros que quería escribir: uno sobre la «Existencia del Infierno», otro «Guía del Paraíso».

Una vez tuvo que escribir una composición de geografía y, después de haber descrito muchas cosas hermosas y buenas, exclamaba: «Lástima que en esa ciudad no exista todavía una revista católica».

Durante el estudio de *Mis prisiones*[9], había invitado yo a los jóvenes a transcribir los pensamientos que creyesen más idóneos para publicar como recuadros. Uno de los primeros me lo dijo Mayorino: «En los casos dudosos, hay que consultar a Dios con confianza, escuchar sus inspiraciones y atenerse a ellas».

En un tema de geografía sobre África manifestaba el deseo de que las principales ciudades tuvieran una buena revista católica para su salvación.

Él amaba su vocación y temblaba ante la idea de poder perderla algún día.

En una de sus cartas se encomendaba a las oraciones de sus seres queridos «para que no traicione mi vocación que es la más hermosa de todas –gracias a Dios, ahora tengo la más firme voluntad de perseverar–, pero si luego viene el demonio, que pueda ahuyentarlo inmediatamente».

---

[9] Obra autobiográfica de Silvio Pellico (1789-1854), que Mayorino cita frecuentemente.

7
Hacia el ocaso

Suspira por el cielo

No creo que Mayorino tuviera un verdadero presentimiento de su muerte. Pero hay que reconocer que en los últimos meses que pasó en la Escuela Tipográfica daba señales de sentir nostalgia del cielo.

En sus notas habla a menudo del cielo como de algo cercano.

En una libreta copió algunas poesías sobre el Paraíso. Entre otras copió y adornó con ribetes una que comienza así:

Me muero del deseo
de verte, Jesús mío.
Me apena, oh Dios mío,
vivir aún aquí abajo.

En los últimos días dibujó una especie de ataúd con una cruz de ramos entrelazados. Una noche, el director notó que mientras se cantaba «*Al ciel, al ciel, al ciel*»[1], de su rostro se había apoderado una expresión especial.

[1] «Al cielo, al cielo, al cielo...»: canto popular mariano, que expresa el deseo de ir al cielo con María.

Además, durante el recreo con sus compañeros recordaba con frecuencia el cielo. Los propósitos de enero de 1918 terminan así: «¡Paraíso! ¡Paraíso! ¡¡Felicidad eterna!! Esto es lo que me espera».

Los primeros síntomas

El esfuerzo continuo y enérgico de Mayorino por llegar a ser santo debilitó mucho su salud. El director se dio cuenta de ello y varias veces había intentado moderarlo, aunque sin éxito.

Sin embargo, su aspecto era bastante bueno, su apetito permanecía, su aplicación al estudio no había disminuido en absoluto, su alegría habitual continuaba.

Solo en el trabajo parecía no sentirse tan fuerte como antes y a veces notaba cierto cansancio en la tipografía y en el paseo.

Él callaba y sufría en silencio. Recordaba la máxima de santa Teresa: «Hermanas, sabed soportar cualquier cosa sin que los demás lo noten».

Un día, sin embargo, no pudo soportarlo más y le dijo al jefe de máquinas: «Oye, no me siento bien: ya no puedo hacer ciertos trabajos; pero no se lo digas a nadie». El jefe de máquinas se lo prometió y no se lo contó a nadie.

La enfermedad avanzaba

Mientras tanto, sus padres vinieron a visitarlo. Él acusó cierto malestar, pero también entonces guardó silencio sobre todos sus sufrimientos. Temía, dijo más tarde, tener que volver a casa e interrumpir su vida normal.

Solo en una visita posterior se le escaparon algunas palabras que dejaban traslucir algo. «¿No será mejor –le dijeron sus padres–, que te vea el médico?».

«A mí me da lo mismo, hablad con el Teólogo: haré lo que él diga».

Y lo llevaron al médico, quien inmediatamente descubrió que Mayorino tenía pleuritis.

El director dispuso inmediatamente que, tal como le había aconsejado el médico, lo transportaran a su casa en carro. El corazón de Mayorino sintió entonces una terrible punzada y las lágrimas cayeron de sus ojos.

Dispuesto a todo

—Querido muchacho –le dijo el director–, ¿quieres hacer la voluntad de Dios?

—Sí, en todo.

—¡Pues esta es la voluntad de Dios!

—Entonces voy de buena gana a casa, pero usted rece para que vuelva pronto.

—Tranquilo: rezaré yo y rezarán tus compañeros. Pero si tuvieras que someterte incluso a una operación, ¿te resignarías?, ¿la soportarías en paz?

—Sí, así lo espero con la gracia del Señor.

—¿Y con qué intenciones vas a ofrecer tus sufrimientos?

—Para hacer penitencia por mis pecados, por la Casa, por la buena prensa y por todas sus intenciones.

—¿Estás dispuesto a todo?

—Sí, a todo.

—¿Incluso a ir al cielo si el Señor te llamara?

—¡Sí, también a eso!

—El Señor te bendiga. Reza a san Pablo.

Y las lágrimas caían de sus ojos.

Se despidió del director y de sus compañeros y salió, acongojado pero tranquilo, acompañado de su maestro.

En la cruz

La enfermedad fue difícil y larga. Tuvo que someterse incluso a una operación para extraer el pus. Pero él lo soportó todo con edificante resignación.

Su oración era esta: «¡Que se haga la voluntad de Dios!». Su consuelo era entretenerse contemplando y ordenando estampas de santos, que le sugerían muchos santos pensamientos.

Lo que sentía en ese tiempo era no poder recibir la Comunión todos los días. Pero él sabía muy bien que la voluntad de Dios está por encima de todo: y hacía la comunión espiritual.

La vocación

Cuando el director iba a visitarlo, mostraba solo una preocupación: «¿Cuándo podré regresar a la Escuela Tipográfica?».

Entre su madre y él se dio un día este diálogo:

—Quiero que le expreses a mi padre el deseo que tengo de regresar cuanto antes [a Alba].

—Pero... ¿qué pasaría si tu salud volviera a resentirse?

—Aunque supiera que tenía que morir, volvería.

La vocación era su gran preocupación.

Se recuperó de aquella enfermedad y parecía que ya estaba fuera del peligro de recaer.

Su primer cuidado había sido el de aprovechar la mejoría para ir a la iglesia a dar gracias al Señor y recibir la Sagrada Comunión.

Entonces escribió al director una carta en la que le decía: «Rece y haga rezar por mí para que pueda volver pronto a la querida Escuela Tipográfica y a trabajar por la buena prensa».

A finales de junio, sintiéndose cada vez mejor, hizo incluso una visita a sus superiores y compañeros.

Se detuvo durante unas horas, pero fueron horas de gran consuelo para él. Lo recorrió todo: a todos tenía algo que decirles, pero sobre todo sintió una emoción profunda, experimentó más fuerte que nunca su vocación. Y lo expresó antes de regresar con su familia: «¡Qué bien se está aquí! Creo que volveré dentro de poco: y mientras tanto empezaré a estudiar en casa para recuperar el tiempo perdido».

El Señor se conformó con su deseo, pues ya no pudo volver más. Sus compañeros no volvieron a verlo nunca más, ni siquiera como cadáver: nunca volvió a entrar en la casa donde había florecido aquella flor tan bella y perfumada. Los ángeles del cielo lo envidiaban en la tierra y pronto sería trasplantado allá arriba.

Empeoramiento repentino

Durante varios días no se observó en él empeoramiento alguno, pero la enfermedad iba progresando de forma encubierta.

El 18 de julio aparecían los primeros síntomas de la meningitis más maligna e inexorable.

El párroco le administro entonces el Santo Viático de manera solemne. Fue un espectáculo conmovedor. Mayorino, acostado en su camita blanca, sereno, casi sonriente, esperaba a aquel Jesús al que tanto amaba. Jesús iba a entrar en aquella alma, toda inocencia y ardor. El querido jovencito recitó el *Confiteor* y respondió a las oraciones del sacerdote con una devoción que conmovió los corazones de los presentes. Más de uno exclamó después: «Esa escena celestial nos ha hecho más bien que mil sermones».

Pidió repetidamente el Óleo santo y la bendición papal. Cuando parecía que había llegado el momento, pidió de nuevo la absolución y lo hizo con el mismo fervor que solía poner en todo, incluso en las cosas más pequeñas. Por unos momentos parecía que el dolor hubiera desaparecido. Respondía a las fórmulas, y se recogió para excitarse al más vivo arrepentimiento.

Santas disposiciones

El director le hizo una visita y, pasando la noche junto a su lecho, aprovechó algunos momentos de calma para conversar íntimamente con él.

—¿Quieres curarte o quieres ir al cielo?

—Me da lo mismo.

—Aquí en la tierra podrías ganar aún algún mérito; pero también existe el peligro de cometer pecados.

—Si el Señor quiere que trabaje todavía un poco, estoy dispuesto; de lo contrario, moriré de buena gana.

—Entonces, ¿cuál es tu deseo?

—Hacer la voluntad de Dios. Pero dígame: ¿es mejor que pida curarme o morirme?

—Pide simplemente que se haga la voluntad de Dios y mientras tanto prepárate para morir.

* * *

Repitió varias veces esta última pregunta, pero siempre obtuvo la misma respuesta.

—¿Entregas de buena gana a Dios tu juventud, tu vida?

—Sí, y me alegro de que quiera aceptarla.

—¿Y sacrificas voluntariamente al Señor tu futuro, el afecto a tus seres queridos, tu deseo de llegar a ser un buen trabajador de la buena prensa?

—Sí, espero que el Señor me lo tenga en cuenta.

—¿Y por la prensa no harás nada más?

—Oh, si voy al cielo quiero rezar mucho, mucho.

—¿Te acuerdas de tus compañeros?

—Sí, los recuerdo, especialmente a algunos.

—¿Qué quieres de ellos?

—Que los salude a todos, que recen por mí, que nos encontremos en el cielo, todos juntos.

—Oye, Mayorino, me parece que para ti sería mayor fortuna morir ahora, pero no sé si esa es la voluntad de Dios.

—Bueno, dejémoslo en manos del Señor.

* * *

Permaneció cuatro días en larga y penosa agonía. Sus compañeros hicieron un triduo de adoración ante el Santísimo Sacramento, sucediéndose uno tras otro ininterrumpidamente durante tres días. Querían pedir la curación de Mayorino, si esa era la voluntad de Dios. De lo contrario, que tuviera la muerte de los santos.

A las 18:00 h del 27 de julio terminaba el triduo: todos sus compañeros rezaban juntos por él el cuarto misterio glorioso; mientras tanto, él volaba al cielo.

Era sábado. Él creía en dos cosas consoladoras: que la Santísima Virgen María asiste a sus devotos de una manera muy especial en su agonía final y que Nuestra Señora del Monte Carmelo –en cuya asociación estaba inscrito– brinda ayudas especiales a sus almas devotas en el purgatorio si cayeran allí.

Además, había practicado varias devociones a las que está aneja la indulgencia plenaria en el momento de la muerte, especialmente la del venerable padre Cafasso[2].

---

[2] El venerable padre Cafasso (san José Cafasso, canonizado en 1947), conocido confesor de los condenados a pena capital en Turín, es autor de una «Oración para una buena muerte» que también al padre Alberione le gustaba rezar.

8
Después de la muerte

El pequeño cadáver fue amortajado con el mayor cariño y acomodado en su camita. Vestido con el hábito de los *Luigini*, con el crucifijo y el rosario entre los dedos, como tenía los rasgos faciales inalterados, parecía sonreír a quien lo miraba.

Parecía que la muerte, ministra de Dios, al sacar del lodazal del mundo aquella alma, de la que no era digna, y trasplantarla en el cielo, no se hubiera atrevido a deteriorar aquel cuerpecito inocente.

Rodeado de lirios y rosas, acostado en la blanca cama, recibió durante todo el domingo la visita de familiares, amigos y compañeros. Por la tarde un grupo numeroso se reunió en la casa para rezar el Rosario entero.

Elogios y sufragios

El domingo por la mañana, en la primera Misa, el sacerdote celebrante, en lugar de explicar el Evangelio, hizo una breve alocución[1] sobre el difunto, aplicándole

---

[1] Elogio fúnebre.

el texto de la Escritura: «*Consummatus in brevi, explevit tempora multa*»[2]. Habló de su pasión por el bien y de su empeño por adquirir méritos e invitó a todo el pueblo de Benevello a rezar por su alma.

En la segunda Misa, el arcipreste don Brovia habló del amor de Mayorino por la palabra de Dios y de su deseo de llegar a ser sacerdote de la buena prensa.

Funerales

La devota y solemne sepultura tuvo lugar el lunes por la mañana a las ocho en punto.

Celebraba el reverendo párroco, actuando como diácono el director de la Escuela Tipográfica y como subdiácono su Maestro.

Precedían las asociaciones de las Hijas de María, los *Battuti*, los *Luigini*, y las *Umiliate*[3].

El féretro, cubierto con un lienzo blanco, adornado con lirios, fue llevado por los alumnos de la Escuela Tipográfica, que habían venido expresamente desde Alba: le seguían otros compañeros, muchos parientes, su padre y gran multitud de gente. Ciertamente no se podía desear una mayor concurrencia.

* * *

---

[2] «Habiendo alcanzado la perfección en poco tiempo, ha recorrido un largo camino» (Sab 4,13).

[3] *Battuti* (penitentes, flagelantes), *Luigini* (niños consagrados a san Luis) y las *Umiliate* (mujeres penitentes) eran cofradías que estaban presentes en la parroquia.

Se cantó una Misa «de tres»[4], después de la cual el teólogo Alberione se despidió definitivamente e hizo dos breves consideraciones:

Dum adhuc ordirer succidit me[5], mientras aún preparaba con todo ahínco un futuro santo y benéfico, con la santidad, el estudio y el trabajo por la buena prensa, Dios se dio por satisfecho con el bien que ya había hecho y con sus buenos deseos, y lo llamó al premio. Además, debemos inclinarnos con reverencia ante este cadáver, porque muchos de nosotros, aunque quizás mayores, no tenemos los méritos de Mayorino con solo 14 años, dos meses y 23 días.

Los jóvenes de la Escuela Tipográfica con las venerables Hermanas del Sufragio cantaron el funeral bajo la dirección del reverendo padre Attilio De Stefanis.

Descansa en paz

El cuerpo fue luego acompañado al cementerio por todos los presentes, cantando el *Miserere* y el *De profundis*. Una vez bendecida la sepultura, el féretro fue bajado al sepulcro entre las lágrimas de todos los familiares.

* * *

---

[4] «Misa de Tres», era la Misa solemne, en la que el celebrante era asistido por dos ministros –el diácono y el subdiácono– vestidos con las vestimentas apropiadas: la tunicela y la dalmática, según el rito romano de Pío V.

[5] «Como un tejedor… y me cortan la trama» (cf Is 38,12).

A los jóvenes de la Escuela Tipográfica, que se marcharon conpungidos por la dolorosísima pérdida, el director les explicó el texto: *«Nisi granum frumenti cadens in terram mortuum fuerit ipsum solum manet, si autem mortuum fuerit multum fructum affert»*; si el grano de trigo no cae en tierra, quedará siempre solo; pero si cae en tierra, y se siembra, puede producir el ciento por uno[6]. Así nosotros, ahora hemos enterrado un grano de trigo excelente, que germinará y producirá el ciento por uno: otros muchos seguirán el camino que él había comenzado: no temáis.

* * *

Es útil una reflexión: los familiares, el párroco, los compañeros, los amigos se sintieron hondamente afectados por esta muerte. Se vio llorar a toda la población, reunida en torno al cuerpo para el funeral: pero era un dolor, un llanto distinto de otros dolores y de otras lágrimas. Se lloraba, y al mismo parecía surgir espontáneamente en nuestros labios una sonrisa: «lloro y río», decía su madre.

Se lloraba por lo que habíamos perdido: pero se sentía por dentro como una certeza de que, para Mayorino, aquel día había sido el día del premio, de su entrada en el cielo. Se percibía en el ambiente que, si el mundo había perdido el alma de un futuro apóstol, el cielo había adquirido un santo.

---

[6] Cf Jn 12,24.

9

El difunto sigue hablando

Transcribo aquí, para común edificación, algunos extractos de una breve conferencia que Mayorino dio a sus compañeros: servirá de conclusión a estas breves páginas.

Pequeña conferencia

«Querer es poder», es decir, quien tiene voluntad, consigue lo que pretende. A este respecto os voy a hablar de otra máxima que se deriva de aquella: «Quien quiere llega a ser santo».

Muchos creen que los santos son hombres de naturaleza distinta a la nuestra, personas privilegiadas que no tienen que sufrir nuestras luchas contra las pasiones y la carne rebelde, o bien con las que Dios ha sido parcial, tratándolos como favoritos y concentrando en sus almas su gracia omnipotente. Otros piensan también que la santidad es una flor que se abrió solo en siglos pasados, en los primeros tiempos de la Iglesia o en la Edad Media, pero que ya no es posible en nuestro siglo corrupto e irreligioso. No faltan quienes creen, ingenuamente, que para alcanzar la perfección es necesario abandonarlo todo: negocios, familia, patria y tal vez encerrarse entre los muros de un convento; y como no pueden abandonar el mundo, se desentienden de la idea de llegar a ser santos, por creerlo imposible. ¡Cuánta fantasía!...

Los santos fueron y son hombres como nosotros; revestidos de la misma carne de pecado, inclinados al mal, con las mismas pasiones; pero llegaron a la perfección porque quisieron firmemente, quisieron con perseverancia. Dios está dispuesto a tratarnos a nosotros como trató a los santos y a concedernos las mismas gracias que a ellos, con tal que correspondamos a sus inspiraciones y seamos fieles a su ley.

Él ama a todos los hombres por igual y quiere que todos lleguen a ser perfectos.

Se puede llegar a ser santo en cualquier estado o condición, pues la santidad consiste en la práctica exacta de los mandamientos de la ley de Dios y de la Iglesia y en el cumplimiento de las obligaciones de nuestra vocación.

También en nuestro siglo se puede llegar a ser santos, porque tenemos los mismos medios que tenían en los primeros tiempos de la Iglesia.

Así que todos podemos llegar a ser santos, si queremos. Hace falta que también nosotros digamos, como Vittorio Alfieri: «Quiere, quiere siempre, quiere fortísimamente»[1]. Quien quiere firmemente llegar a ser santo y utiliza los medios para ello, llega pronto a conseguirlo, pues la gracia no le falta nunca.

---

[1] Vittorio Alfieri (1749-1803), dramaturgo de Asti que estudió en Turín, fue considerado uno de los padres del *Risorgimento* italiano: un ejemplo de coraje y fuerza de ánimo. Murió en Florencia y fue enterrado en el templo de la Santa Croce.

Los santos no se dejaban desanimar por las dificultades.

Todos debemos empeñarnos con una voluntad férrea, formando un solo corazón, una sola alma, diciendo todos a una: «Quiero llegar a ser santo».

Una recomendación

Invito de corazón a los amables lectores a que reciten un Réquiem de sufragio por el querido Mayorino. Ciertamente, él pasó a la otra vida con muchos méritos; pero el Señor es tan santo que no puede permitir que ni la más ligera mancha entre en el cielo[2].

La palabra de un compañero

Creo que también es útil relatar lo que me dio por escrito un compañero suyo:

Todos los días ofrezco diversas prácticas en sufragio por el querido Mayorino. Pero la convicción más profunda que tengo ahora es que él ya está gozando de Dios, de la Virgen y de san Pablo en el cielo.

También me he encomendado a él y no he sido defraudado.

---

[2] Esta «recomendación» puede sonar extraña hoy en día. Pero recordemos que esta biografía fue escrita unos meses después de la muerte de Mayorino, en cuya historia el autor se sintió profundamente involucrado.

Mientras atravesaba un período muy doloroso y oscuro de mi vida espiritual en Casa, hice confiadamente una novena al querido compañero difunto. El 16 de agosto de 1918, escribí en mi cuaderno: «Hoy termino la novena a Mayorino: un día de acción de gracias, de arrepentimiento y de propósitos. Mañana comienzo otra novena».

Poco antes de acabar esta segunda novena escribía de nuevo: «Una semana de fervor, de lucha, mucha lucha... Siento que las novenas a Mayorino son eficaces: más luz, más resolución, más dolor por mis caídas, más deseo del espíritu de Dios».

A partir de ese momento, en efecto, mi vida se encarrilaba más deprisa. Mayorino aceleraba la resolución de la crisis. En las necesidades que conciernen a la vida de la Casa recurro casi habitualmente al querido compañero, y nunca en vano.

Mi palabra no tiene ninguna autoridad, pero quisiera decir a todos aquellos jóvenes que se encuentran inseguros, indecisos, fríos o cansados en la lucha espiritual; a mis queridos compañeros que de verdad anhelan entrar en el espíritu de la Casa; a los más pequeños y especialmente a los nuevos: «Haced también vosotros la prueba de encomendaros con fe a Mayorino: él era todo fuego por el ideal de la buena prensa y murió agotado por la lucha contra sus defectos»[3].

---

[3] El citado «compañero» no era otro sino el clérigo Timoteo Giaccardo, maestro y, al mismo tiempo, condiscípulo del jovencito, bajo la sola autoridad del padre Alberione, el «primer Maestro» (cf G. T. GIACCARDO, *Diario*, San Paolo, Cinisello Balsamo 2004, padre 168). Como confirmación de esto: en las ediciones sucesivas del libro *Mayorino*, este título se corrige sin más como: «La palabra al Maestro Giaccardo».

Álbum fotográfico

Mayorino Vigolungo.

Francisco Vigolungo,
padre de Mayorino.

Secundina Caldellara,
madre de Mayorino.

Cama donde nació Mayorino.

Benevello en tiempos de Mayorino.

Benevello en la actualidad.

Grupo de escolares con la maestra. En la imagen, Mayorino aparece justo encima de ella.

Escuela Tipográfica Pequeño Obrero.

El P. Santiago Alberione.

Grupo del P. Alberione en 1917. Mayorino en el centro del grupo de la derecha.

El P. Timoteo Giaccardo.

Primeras máquinas de imprimir.

Primera casa en la Plaza Cherasca.

Vista de Alba.

Alba, 1-1-18.

Carissimi compagni,

È già da un po' di tempo che non vi scrivevo più, ma ora, mi si venuto l'occasione ed ho una cosa di massima importanza a dirvi. – So che vi piace molto vendere giornali e bollettini, ed io sono proprio per darvi tale incarico. Vi manderò la "Gazzetta d'Alba" e il Bolettino a casa del parroco, e voi dopo essere andati a prenderli, correrete me giù per le vie gridando il buon giornale, e in questo modo diffonderete la buona stampa. Diventando così, apostoli di essa – perchè facendo in tale maniera predicate col giornale e col bolettino i quali girano a portare la loro voce veritiera. –

Però, per eseguire bene questa missione, si richiedono due cose molto importanti; primo: Occupare bene le ricreazioni; secondo: Impiegare nobilmente le facoltà. Occupare bene le ricreazioni: in ricreazione per esempio, invece di divertirvi, potete andare (a vendere) il Bolettino e il Giornale, oppure anche divertirvi un po', ma trattare con carità e belle maniere i compagni. –

Carta autógrafa.

Templo de San Pablo.

Cama en la que murió.

Su hermana Rosina.

Su hermano Juan.

Su hermana sor Delfina.

Los hermanos en la apertura del proceso
en el año 1961.

Traslación de los restos al templo de San Pablo.

El P. Alberione con el Tribunal del proceso informativo.

El papa Juan Pablo II declara venerable a Mayorino.

Apéndices

Apéndice I
El proceso de beatificación y canonización

Fama de santidad

El padre Santiago Alberione siempre estuvo convencido de la potencial santidad de su alumno. Un año después de su muerte escribió su biografía, seguro de que traería muchas vocaciones al apostolado de la buena prensa. Ese texto fue actualizado y publicado después en varias ediciones.

Más de una vez él mismo trazó un paralelo entre él y Domingo Savio, estudiante adolescente y contemporáneo de san Juan Bosco, también canonizado. El beato Timoteo Giaccardo también quedó muy impresionado por su muerte y, en sus notas personales, lo invocó para que lo ayudara a ser santo.

En una meditación del padre Alberione, el 25 de noviembre de 1961, leemos:

En el año 1919 se compuso la oración de Mayorino Vigolungo, que había fallecido recientemente en concepto de santidad. Han pasado 42 años desde entonces, mucho tiempo; pero ahora parece haber llegado el momento oportuno para introducir la causa de beatificación. Los trabajos comenzarán en Alba, donde residió –dos años en San Pablo y el resto de su vida en Benevello–, con el proceso canónico diocesano, el 12 de diciembre, con la presencia del obispo, Mons. Carlo Stoppa, y los demás miembros del Tribunal eclesiástico de Alba.

Mayorino, para quienes lo recuerdan, era un jovencito inteligente y de corazón delicado. Dijo cosas, incluso sobre el apostolado de la prensa, que parecían superiores a su edad. A veces la gente no le creía, pero después se daban cuenta de que decía la verdad. Él dio todo al Señor: mente, fuerzas, corazón. Trabajaba duro por su perfección espiritual. Siempre ponía empeño en todo: en la piedad, en el estudio, en el apostolado, en la pobreza y hasta en el recreo. Si alguna vez, a los ojos de sus compañeros, parecía exagerar, actuaba de buena fe, pensando que ese era el mejor camino, el que conducía a la santidad.

Mucho se debe a la educación que le inculcaron sus padres, especialmente su padre, que era muy estimado en el pueblo; fue concejal municipal, ejemplar en todo, generoso, hombre de paz y, además, ayudaba al párroco en diversas tareas.

Hay que señalar a Mayorino como el modelo, el protector de nuestros aspirantes, que sueñan con la misma meta, el mismo apostolado de la prensa y de las ediciones, que él también ejerció con fervor.

Las primeras etapas del proceso

La causa de Mayorino no tuvo sus primeras etapas hasta los años sesenta, después de que cuatro de las cinco congregaciones religiosas que forman la Familia Paulina –es decir, la Sociedad de San Pablo, las Hijas de

San Pablo, las Pías Discípulas del Divino Maestro y las Hermanas de Jesús Buen Pastor– hubieran obtenido la aprobación pontificia.

El padre Alberione tuvo que justificar tanto retraso. Escribía el 9 de diciembre de 1961 a Mons. Carlo Stoppa: «Siempre ocupado y preocupado siguiendo las inspiraciones divinas, en las diversas fundaciones de las congregaciones paulinas y su constitución en la Iglesia, aunque con profundo pesar, he tenido que posponer año tras año la intención de iniciar la causa de beatificación de Mayorino Vigolungo».

El proceso ordinario comenzó, pues, en la diócesis de Alba el 12 de diciembre de 1961 y concluyó el 26 de septiembre de 1963. El 10 de diciembre de 1964 el decreto sobre los escritos estableció que en las cartas y ensayos de Mayorino no había ningún contenido contrario a la doctrina y a la fe católica.

El traslado de los restos

Tras la exhumación del cementerio de Benevello, los restos mortales de Mayorino Vigolungo reposaron durante algún tiempo en un nicho del cementerio de la Sociedad de San Pablo en Alba.

El 1 de mayo de 1963, llevados a hombros por los jóvenes aspirantes paulinos, fueron sepultados solemnemente en el templo de San Pablo, en presencia del padre Alberione[4].

---

[4] Cf *Il Tempio di San Paolo in Alba. Storia e arte*, Edizioni Paoline, Alba 1988, padre 3.

147

Una lápida de mármol, empotrada en la pared derecha del templo, marca y custodia el nicho fúnebre. Junto a un pequeño retrato de Mayorino están grabadas las palabras:

VENERABLE
MAYORINO VIGOLUNGO
* Benevello 6-5-1904
† Benevello 27-7-1918
PRIMERA FLOR
DE LA PÍA SOCIEDAD DE SAN PABLO
PEQUEÑO APÓSTOL DE LA BUENA PRENSA

Una pausa, luego la reanudación

En la Congregación de las Causas de los Santos se estaba discutiendo en aquel momento si los muchachos de siete a 14 años eran capaces de ejercitar las virtudes cristianas en grado heroico. Como consecuencia de ello, la causa de Mayorino sufrió en 1971 una pausa, que concluyó el 11 de septiembre de 1980 con el decreto de introducción de la causa, que marcó el comienzo de la fase romana.

Desde el 31 de marzo hasta el 2 de abril de 1981, los cardenales y obispos miembros de la Congregación de las Causas de los Santos, ayudados por psicólogos y expertos, discutieron si también los chiquillos podían ser declarados venerables. El resultado positivo del congreso permitió que también para Mayorino pudiera reanudarse la investigación.

El reconocimiento de las virtudes heroicas

Del 30 de septiembre de 1981 al 21 de octubre de 1982 se desarrollaron las etapas del proceso apostólico, tanto en el tribunal diocesano de Alba como en el del Vicariato de Roma. El decreto sobre la validez de ambos procesos se firmó el 1 de julio de 1983.

La *Positio super virtutibus*, entregada en 1986, fue examinada el 18 de diciembre de 1987 por los consultores teólogos de la Congregación de las Causas de los Santos. La misma opinión unánime surgió de la sesión plenaria de cardenales y obispos del 16 de febrero de 1988. Finalmente, el 28 de marzo de 1988, el papa san Juan Pablo II promulgó el decreto con el que Mayorino Vigolungo fue declarado venerable.

Ahora solo queda un milagro realizado por intercesión de Mayorino, reconocido por la Iglesia, para su beatificación, y otro para su canonización. Por eso es tan importante pedir gracias por su intercesión, y para ello, darlo a conocer al pueblo de Dios para que se encomiende a él.

Apéndice II
De los escritos de Mayorino

Examinando los pocos escritos que nos quedan de Mayorino, encontramos, sin embargo, algunos pasajes que revelan el alma ardiente del pequeño apóstol.

Escuchad las palabras con las que el alumno de primer grado expresa su afecto por nuestra patria: «¡Aquí está el jardín de Europa, la Maestra de la civilización, la respetada de las naciones!... Es fuerte porque tiene al Papa para guiarla...». Luego, actuando como un pequeño predicador, lleno de sentimientos patrióticos y religiosos, concluye: «¡Amemos a nuestra querida Italia, sobre la que Dios ha derramado abundantes bendiciones!»[1].

✦ ✳ ✳

En otra composición oímos palpitar el corazón de nuestro jovencito de amor por su patria y por el apostolado de la prensa, que es un apostolado de eminente caridad.

---

[1] Este ingenuo patriotismo se explica por el momento histórico. En el primer año de la guerra (1915-1916), la propaganda política del movimiento intervencionista alimentó el nacionalismo, recurriendo también a motivaciones religiosas. Las familias más pobres, especialmente las del noreste, pagaron el precio y se vieron obligadas a emigrar a otras regiones de Italia.

«Chicos a rebato»

Chicos, ¡a rebato, para ayudar a nuestros hermanos refugiados! ¡La monedita con la que quisierais comprar castañas asadas, guardadla para estos pobres desgraciados! Chicos, chicos, a rebato! Edifiquémonos unos a otros, oremos por la Patria para que el Señor tenga misericordia de ella. ¡Frecuentemos los sacramentos y respetemos a los sacerdotes!

¡Chicos, a rebato! Ayudemos a nuestro *Buen Ángel*[2]; alejémonos de los periódicos y de las ilustraciones malos, que son un azote más terrible que la guerra y la peste para nuestras pequeñas almas.

¡Atención chicos! ¡No vendamos nuestras almas al diablo por reírnos un poco en esta corta vida!

A rebato, a rebato, por nuestro bien y el de nuestros hermanos.

Estas exhortaciones de nuestro pequeño apóstol revelan un alma encendida por la llama de la pasión, un alma delicada que comprende cuán grande es el mal que hace la prensa perversa y escandalosa.

Carta a sus compañeros

Con el mismo espíritu desarrolló el siguiente tema: invitad a vuestros compañeros a difundir la Gaceta y el Boletín. Demostradles que así se convierten en pequeños apóstoles, que ocupen bien los recreos, que empleen

---

[2] Un boletín parroquial impreso por la Escuela Tipográfica.

noblemente sus facultades, y estimuladlos a hacerlo con celo. Esta es la carta:

Alba, 1 de enero de 1919

Queridos compañeros:

Ha pasado ya un tiempo desde la última vez que os escribí, pero ahora tengo la oportunidad de deciros algo de suma importancia.

Sé que disfrutáis vendiendo revistas y boletines, y quiero daros precisamente ese encargo. Os enviaré la Gaceta Alba y el Boletín a casa del párroco; vosotros iréis a buscarlos y luego correréis por las calles de arriba abajo gritando: «¡El buen periódico! ¡El buen periódico!»; y así difundiréis la buena prensa, convirtiéndoos al mismo tiempo en dignos apóstoles de ella.

Pero, para llevar a cabo bien esta misión, se requieren dos cosas importantes: ocupar bien los recreos y emplear noblemente las propias facultades.

Así que, en el tiempo destinado al recreo, en lugar de divertiros, podéis ir a vender el Boletín y el Periódico[3], o bien podéis jugar y divertiros un poco, pero tratando a vuestros compañeros con caridad y buenos modales.

Pero, para ser verdaderamente apóstol de la buena prensa, es necesario también emplear bien vuestras facultades, es decir, vuestra inteligencia debe servir para encontrar modos eficaces para difundir cada vez más la buena prensa; la voz penetrante sirva para gritar fuerte de arriba abajo por las calles: «¡La buena prensa!», y que

---

[3] La Gaceta, semanario de Alba, que en aquella época imprimía precisamente Mayorino.

nuestra fuerza se emplee en los trabajos necesarios para difundir la buena prensa.

Ahora bien, haced todo con celo, comprendiendo bien que la importancia de la prensa es inmensa en nuestros tiempos; por lo que el cardenal Maffi[4] dice al respecto: «La obra del buen periódico es propagación de fe y asistencia a los fieles en nuestra patria. Ayer no era necesaria, hoy es imprescindible».

Y León XIII: «Es deber de los fieles apoyar eficazmente la buena prensa, ya negando o retirando todo favor a la prensa perversa, ya contribuyendo directamente, cada uno en la medida de sus posibilidades, a hacerla vivir y prosperar».

Finalmente, Pío X: «¡Oh, la prensa! –exclama–, ¡todavía no se comprende su importancia! Ni los fieles ni el clero se dedican a ella como debieran».

Queridos compañeros, difundid, pues, con celo la buena prensa, porque de esta manera aplastaremos la mala; ánimo en el Señor y escribidme pronto.

Os saludo y me suscribo como vuestro humilde compañero,

Mayorino Vigolungo

---

[4] Cardenal Pietro Maffi (1858-1931), arzobispo de Pisa, promotor de la Obra Nacional de la Buena Prensa, gran admirador y consejero del padre Alberione.

Apéndice III
Apuntes de su diario íntimo

1. Lo que no sirve para la vida eterna es vanidad.

2. El mundo pasa, pero el bien y el mal no pasan, permanecerán eternamente.

3. En los casos difíciles hay que consultar confiadamente a Dios, escuchar sus inspiraciones y atenerse a ellas (Silvio Pellico).

4. Para hacer el bien siempre decimos: ¡hay tiempo! Pero si se tratase de ganar dinero lo haríamos inmediatamente.

5. Conversar con los hombres degradados degrada (Silvio Pellico).

6. Quien se humilla sin bajos fines no se degrada sea cual sea el injusto desprecio que reciba (Silvio Pellico).

7. Un saludo, una palabra de amor a los desdichados es una gran caridad.

8. Quien cede al respeto humano es un bellaco.

9. Quien blasfema habla la lengua del demonio.

10. Quien lo quiere llega a ser santo.

11. Leyendo la vida de los santos, decimos con san Agustín: «Si estos llegaron a ser santos, ¿por qué no voy a llegar yo también?».

12. Recuerda, cristiano, que tú eres hombre de eternidad.

13. Dichosa y sumamente dichosa el alma justa que reine eternamente con Dios en la morada del cielo.

14. Desgraciado y sumamente desgraciado el pecador impenitente que arderá eternamente con los demonios en las llamas del infierno.

15. El cristiano debe rezar como rezó Jesucristo en el Huerto de Getsemaní, con recogimiento, con humildad y con confianza.

16. Recordemos que solo tenemos un alma; si la perdemos, todo está perdido para nosotros.

17. Un apoyo grande para nosotros, un arma potente contra las insidias del demonio, lo tendremos en la devoción a la Virgen santísima.

18. Decimos: «Yo estoy lleno de enfermedades espirituales y no me atrevo a comulgar frecuentemente». Responde Jesucristo: «No tienen necesidad del médico los sanos, sino los enfermos».

19. Recemos con especial devoción el *Angelus Domini* o el *Regina coeli* por la mañana, a mediodía y por la noche, al toque de campanas.

20. El Divino Maestro nos enseña, y a sus devotos nos concede: Humildad, Obediencia, Caridad, Continencia, Pobreza y Penitencia.

21. Quien desprecia las pequeñas cosas, poco a poco acabará en la ruina.

22. ¡Oh, Eternidad!... Oh, abismo sin fondo. O, mar sin orillas... Oh, caverna sin salida... ¿Quién no temblará pensando en ti?

23. La muerte, pero no pecados.

24. Es voluntad de Dios que todos seamos santos. Sí, Dios quiere que todos seamos perfectos.

25. ¡Oh... infierno!, ¿quién no tiembla pensando en ti? ¡Oh, qué horrible eres!... desgraciado quien cae dentro.

26. ¿Qué es el pecado mortal? Es un criminal que mata a las pobres almas con su cuchillo. Y, sin embargo, cuántas almas no hacen caso y lo cometen sin dificultad. No piensan que si murieran en ese momento irían al infierno para siempre.

27. Maldito seas, pecado, que acarreas el castigo eterno a quien te comete.

28. Por nosotros solos no somos capaces de vencer al demonio, es decir, al pecado, pero recurriendo a nuestra santa Madre, la Virgen Santísima, ella nos ayudará.

29. Cuando somos sorprendidos por las tentaciones digamos: «María, ayúdame».

30. Pensemos que cuando nosotros cometemos un pecado damos la espalda a Dios, pisoteamos sus mandamientos y renunciamos al hermoso Paraíso para ser esclavos del demonio y por tanto ir al infierno.

Apéndice IV
Lo que dicen de Mayorino

Los testimonios que aquí relatamos no son diferentes de los que hemos encontrado a medida que leíamos su corta vida[1].

Su hermana Delfina

Escribe la hermana religiosa[2]:

Desde niño, Mayorino tenía grandes aspiraciones en su corazón en sus juegos, en sus discursos, en sus ocupaciones, lo demostraba en todo.

---

[1] Es necesaria una advertencia respecto a estos testimonios. El contenido de las afirmaciones corresponde sin duda al pensamiento de las personas indicadas; pero no se puede garantizar su autenticidad textual. En el testimonio atribuido a sor Delfina hay evidentes manipulaciones, tanto en el estilo como en el contenido, hasta el punto de hacer pensar en fuentes e intervenciones diferentes, como sugiere el mismo padre Alberione (cf carta del 13 de noviembre de 1961 a sor Delfina). Algunas expresiones están tomadas directamente del texto de la biografía; los adjetivos y sustantivos raros son idénticos a los que utiliza el padre Alberione; incluso hay varios casos de identidades equivocadas entre la narradora Delfina y su hermana Rosina. A falta de comparaciones ciertas, hemos intentado corregir los errores evidentes e interpretar el pensamiento del modo más plausible.

[2] La religiosa es Pierina, hermana menor de Mayorino, nacida el 19 de abril de 1908. Más tarde ingresó en las religiosas Mínimas de Nuestra Señora del Sufragio y tomó el nombre de sor Delfina.

Era muy activo, no recuerdo haberlo visto ocioso y prefería aspirar a trabajos intelectuales.

«Voy a ser mecánico, maquinista, ingeniero», me decía a menudo cuando era pequeñito. Otras veces, en cambio, pensando en tantos pobres infieles: «¡Me haré misionero para salvarlos!», exclamaba.

Quería trabajar, aplicarse intensamente. Anhelaba tener siempre éxito en todo: en casa, en la escuela, en la iglesia… Mayorino no conocía la flojedad ni la mediocridad, siempre se abrían nuevos horizontes a su mente y trataba con todas sus fuerzas de alcanzarlos. No se enojaba ni se molestaba por el fracaso, sino que lo tomaba como lección para el futuro –especialmente después de estar en la Pía Sociedad de San Pablo–.

Poseía un carácter y una voluntad fuertes y tenaces. De haber sido mal dirigidos, lo habría llevado por caminos ruinosos; pero dirigidos al bien, en cambio, facilitaron sus progresos.

Seguramente Mayorino debió sentir una fuerte lucha interna entre pasiones buenas y malas al florecer de la adolescencia. Dos fuertes corrientes, la del bien y la del mal, intentaron sin duda arrastrarlo tras ellas; ni el mundo ni el demonio se habrán quedado quietos para hechizarlo con sus falsos destellos, para hacer caer en sus traicioneras trampas aquella alma que Dios quería toda suya y sobre la que triunfó con la gracia. (Esto es lo que pienso y deduzco de ciertos recuerdos, aunque no puedo afirmarlo con certeza).

Mayorino eligió el camino justo y corrió rápidamente con su fervor característico y nunca miró atrás, sino que perseveró: «Siempre adelante y cada vez mejor hasta la muerte» era el grito de los santos; y fue el propósito que nosotros más hemos resaltado, entre los otros del jovencito, y lo hemos hecho nuestro.

Contando yo entonces con unos tres años, no recuerdo nada de su Primera Comunión, pero cuando creció, puedo afirmar su gran amor hacia la Santísima Eucaristía, verdadero centro y alimento de su alma. De allí sacaba fuerza, gracia y luz abundante. Se acercaba a ella lo más frecuentemente posible, pero siempre con excelentes disposiciones, de modo que, bajo la acción fecundadora de aquellos divinos rayos eucarísticos, su alma se iba transformando poco a poco.

Recuerdo haber visto y admirado varias veces su recogimiento angélico cuando, después de la Santa Comunión, adoraba a Jesús en su corazón.

Nuestros padres estaban contentos y siempre decían: «Es el más inteligente de la familia».

A veces hacía alguna trastada, como hacen todos los niños; pero le regañaban y él estaba inmediatamente dispuesto a pedir perdón, a hacer promesas de ser más obediente y más bueno y «no solo más bueno –decía–, sino que quiero llegar a ser santo» que es algo que no todos los niños hacen...

En su primer año de escuela le regalaron una imagen de san Expedito[3]. Él pidió explicaciones y a menudo la miraba y repetía: «Yo también quiero ser santo como san Expedito». Todavía recuerdo las veces en que se le veía subirse a una silla y repetir tan bien los sermones que había oído en la iglesia, o hacerlos como le dictaba el

---

[3] Expedito de Mitilene, también llamado Elpidio, mártir armenio del siglo IV.

corazón, y muchas veces asombraba a quienes lo oían. ¡Todo sin miedo al qué diran! Y otras muchas veces aducía razones muy superiores a su edad, y sabía darnos consejos a mí y a mi otro hermano (Juan). Tenía una gran pasión por el estudio.

Recuerdo [por haberlo oído contar]: un día Rosina estaba en la escuela[4], él tenía cinco años, salió solo –iba descalzo y en mangas de camisa–, sin decir nada a nadie fue a tocar la puerta de la maestra de los chicos: insistía diciendo que quería leer y escribir, hasta el punto que Rosina tuvo que acompañarlo a su casa todo lloroso. También recuerdo haber oído repetir varias veces a familiares y amigos y a la propia maestra de la escuela: «Este niño está dotado de mucha inteligencia, pero es muy vivaz y podrá tener un gran éxito o bien os causará disgustos».

Pero él supo encauzar bien todas sus energías y el resultado fue verdaderamente hermoso, es más, envidiable: él también aprendió pronto que «*Regnum cœlorum vim patitur!*»[5].

Un día, Rosina y Mayorino se encontraron con el padre Attilio De Stefanis, sacerdote del pueblo[6], quien le preguntó a Mayorino qué haría cuando fuera mayor. Se quedó pensativo por un momento:

—¿Trabajarás los campos? –continuó el padre Attilio.

Mayorino no respondió aún, sino que se limitó a menear la cabeza para expresar su negativa.

---

[4] En la redacción anterior se lee: «Recuerdo, un día estaba yo en la escuela...» (¡pero Delfina tenía solo un año en ese momento!).

[5] «El reino de los cielos sufre violencia» (Mt 11,12).

[6] En la redacción anterior: «Un día fuimos juntos a casa del párroco (era el padre Attilio)...». Otro error de identidad: no era la narradora (Delfina), sino Rosina la que acompañaba a Mayorino; y el párroco no era el padre Attilio [De Stefanis], sino el padre Brovia.

—¿Quieres ser cura?

—Sí, me gustaría, pero me disgusta, porque los sacerdotes llevan sotanas y en cambio a mí me gusta llevar pantalones y comportarme como un hombre.

¡Qué sencillez! ¿No? y cómo estas ingenuas palabras reflejan fielmente la inocencia, el candor de aquel lirio que agradó tanto a Jesús que lo trasplantó pronto a los jardines celestiales.

El padre Attilio le dijo entonces que también los sacerdotes usan pantalones, y recordó las ventajas del sacerdocio, tanto que cuando regresaron a casa, mi hermano corrió inmediatamente a donde mi madre para decirle:

—¿Sabes que voy a ser cura? y quiero llegar a ser un buen predicador y convertir muchas almas y llegar a ser santo.

Mayorino rezaba muy a gusto y sin buscar la aprobación social. Desde que aprendió a rezar, no dejó nunca de rezar las tres Avemarías todas las mañanas, al despertarse, y todas las noches antes de dormir, y muy a menudo nos decía a nosotros que las rezáramos también.

Le gustaba mucho cantar en la iglesia y muchas veces también cantaba fuera canciones de iglesia.

Era muy bondadoso, y muy servicial si alguien estaba enfermo. Recuerdo que durante su infancia todos estuvimos algo enfermos, uno tras otro: en aquellos días él ya no jugaba, sino que rezaba, especialmente cuando enfermaba su pobre madre. Él, sin embargo, no se preocupaba mucho del mal e incluso durante su larga enfermedad se mostró muy resignado a la voluntad de Dios. Recuerdo también que desde que entró en la Pía Sociedad de San Pablo, volviendo a veces a casa para ayudar a la familia en los trabajos, él trabajaba, sí, pero su pensamiento estaba en cosas más grandes, en cosas celestiales.

Un día, mientras nos ayudaba a cortar el trigo, algunos del pueblo le preguntaron:

—Oh, ¿ya estás de nuevo en casa?

—No –respondía Mayorino, y un delicado rubor se extendía por su rostro–; no, solo he venido a ayudar un poquito, pero este no es mi trabajo, tengo que ocuparme de algo más importante.

Él pensaba en los intereses del Padre celestial, en la gloria de Dios, en la salvación de las almas, de las que se iba a ocupar como sacerdote y apóstol de la prensa.

Durante el tiempo que estuvo en San Pablo me escribió una vez dándome buenos consejos y me decía: «Yo estoy en buen lugar, tú en cambio estás más en peligro».

No se dejaba deslumbrar, pues, por el falso placer del mundo, en el que veía grandes peligros. Y, sin embargo, las mismas cosas –diversiones, comodidades, riquezas, títulos vanos y ciencias vanas– que Mayorino consideraba engaños y peligros, hacen que muchos jóvenes pierdan la cabeza.

... Amaba tanto a Jesús, que quería que su alma fuese siempre hermosa, menos indigna del divino Huésped; de ahí su gran vigilancia, sobre todo después de estar en San Pablo, en evitar incluso las más pequeñas faltas e imperfecciones, y en acercarse frecuentemente y con visible dolor al sacramento de la Penitencia.

Escuchaba con igual devoción y recogimiento la Santa Misa y ayudaba a ella y, cuando tenía oportunidad, asistía también a varias Misas al día. Aprendió a ayudar a Misa desde muy pequeño, es más, después incluso nos enseñó a su hermano pequeño, Segundo, y a mí. Todavía recuerdo el rincón del patio donde nos poníamos para esta ceremonia, el tablero que representaba el atril con el misal, y que, en el momento oportuno, era transportado de un lado a otro en lo que usábamos como altar.

Sus devociones más fuertes fueron, después de la Santísima Eucaristía, la Virgen y san Pablo. Desde pequeño tuvo el más tierno y filial afecto hacia la Santísima Virgen. Esto aumentó después de ingresar a la Escuela Tipográfica. Conociendo mejor a la querida Madre celestial, se encendió más hacia ella, se puso bajo su especial protección: se encomendaba a ella, la invocaba con los tonos más ardientes, rezaba a menudo y con gran devoción el Rosario, celebraba sus fiestas con intensidad y entusiasmo, y a ella dirigía con plena confianza la súplica: «¡Hazme santo!».

María fue ciertamente su ayuda, su guía hacia Jesús y no solo en vida, sino hasta la muerte; de hecho, se lo llevó al cielo en el hermoso día dedicado a ella.

De san Pablo, Mayorino era devotísimo: le rezaba fervientemente, hablaba de él a todos, lo citaba en sus sermoncitos, estudiaba su vida, trataba de imitar sus virtudes, su celo, su apostolado.

Recuerdo haberlo visto en la mañana del 29 de junio de 1918, aproximadamente un mes antes de su muerte, durante la convalecencia de su primera enfermedad, regresando de la Misa parroquial con el rostro radiante de alegría y con los ardores de su corazón que se transparentaban externamente; en cuanto me vio, empezó a hablarme de san Pablo con tanta fuerza y entusiasmo que yo, asombrada más de lo habitual, me dije: «¡Qué pasión y qué fuego debe haber en esta alma por san Pablo!». A veces expresaba sus sentimientos hacia este santo en algunos versos y poemas que intentó componer en sus momentos libres.

* * *

Mayorino amaba mucho a sus queridos padres, los respetaba y les obedecía. Esto no quiere decir que nunca les causara algún disgusto, es más, también en sus espantadas sabía distinguirse, pero entonces reconocía rápidamente su falta y, sabiendo que había disgustado a sus padres –la mayoría de las veces era a su madre–, corría a sus pies, se arrodillaba, juntaba las manos y, con el dolor impreso en el rostro, le pedía que lo perdonara, le prometía que se enmendaría, que mejoraría y que nunca más le causaría disgustos. ¡Qué hermoso ejemplo!

¡Cuánto me conmovía aquella desgarradora escena! No era el miedo al castigo lo que llevaba a Mayorino, tan arrepentido, a los pies de nuestra madre, sino el gran amor filial que sentía por ella. Más tarde, siendo alumno de la Escuela Tipográfica, hoy Pía Sociedad de San Pablo, en las cartas que le escribió continuaba pidiéndole perdón por los disgustos que le había causado en el pasado.

¡Cuánta gratitud mostraba entonces hacia nuestra buena madre, que se preocupaba tanto por proveer maternalmente a todas sus necesidades!

Cuando regresaba de la Escuela Tipográfica por unos días, ¡cuánta delicadeza y agradecimiento le demostraba, y cómo nos enseñaba también nosotros a amarla y obedecerla!

Al igual que a su madre, Mayorino amó también a su padre, a quien amaba, obedecía y ayudaba en sus tareas. De hecho, cuando su hermano Juan partió para el servicio militar, Mayorino intentó sustituirlo. Trabajaba desde la mañana hasta la noche sin descanso y sin mostrar ningún signo de hastío o cansancio. No elegía los trabajos, sino que se adaptaba a todos ellos, incluso a los más difíciles. Y cuando la voz de Dios empezó a hacerse oír y a llamarlo a trabajar en otro campo mucho más noble y vasto, ¡qué dolor no debió ser para Mayorino tener que pedirle a su querido padre, a quien veía un poco quebrantado de salud y muy ocupado, permiso para dejar la casa! Sin embargo, Mayorino, a medida que la voz de Dios se hacía cada vez más fuerte, sintió el deber de obedecerla.

El sacrificio se impuso a ambos, padre e hijo, y ambos lo aceptaron y quedaron contentos con ello. El corazón del padre parecía llorar, romperse ante la decisión de su hijo, ¡pero qué compensación tuvo por ello! Su dolor se transformó en grandes consuelos en la tierra y ¡quién sabe qué recompensa habrá en el cielo!

Mayorino amaba mucho a sus hermanos y hermanas; sabía adaptarse a nosotros, los pequeños: se compadecía de nosotros, nos ayudaba y nos guiaba hacia el bien. Pero ¡qué dolor fue también para nosotros la separación y qué fiesta cuando volvía a casa unos días por Navidad o Pascua!

Deseado, cuando llegaba, todos estábamos a su alrededor para saludarlo, interrogarlo y escucharle contar tantas cosas hermosas. Esas noches alargábamos un poco nuestras vigilias para disfrutar más de su deseada compañía.

Nos hablaba luego con veneración y entusiasmo del Primer Maestro, de los demás Maestros, de sus compañeros, de la escuela, de los estudios, de su ideal de ser sacerdote y apóstol de la buena prensa, de la vida que llevaba, de los viajes, de los juegos, de las diversiones...

Él, siempre alegre y contento, se alegraba de que lo estuviéramos también nosotros; así que nos enseñaba juegos, nos contaba chistes, historias..., y todavía recuerdo las canciones infantiles y los trabalenguas que aprendí de él, como: «*Sic salus illi...*», «Eres tú aquel bárbaro barbero...» y la canción: «Había una vez un barquito...»...

Pero, sobre todo, cada vez que volvía a casa, traía un aumento de virtud, un nuevo progreso en la virtud. Este era su propósito, el de *progresar un poquito cada día hasta la muerte*. ¡Y de qué forma se aplicó a practicarlo!

También nosotros, los niños, lo notábamos: en efecto, sus palabras y su comportamiento eran cada vez más edificantes, su celo se hacía más intenso, su corazón se encendía con llamas siempre nuevas de caridad, su modestia se transparentaba y se destacaba cada vez más su fervor angelical.

Traía a casa algunos de sus libros de piedad favoritos y a veces nos los leía, haciendo comentarios si era necesario.

Tampoco nos ahorraba correcciones y exhortaciones. Recuerdo que a veces el hermanito pequeño y yo discutíamos por nada, incluso cuando Mayorino estaba en casa: por ejemplo, el día de Navidad era fácil pelearse por los regalos del Niño Jesús. Él nos reprendía con dulzura e intentaba restablecer pronto la paz entre nosotros, que naturalmente dábamos rienda suelta a nuestros caprichitos, posiblemente en su ausencia.

Él trataba bien a todos y no se molestaba con quienes le pagaban con burlas.

Una mañana volvíamos de la Santa Misa, cuando llegaron a la pequeña iglesia de San Rocco, algunos compañeros maleducados comenzaron a burlarse de él y a llamarlo alucinado. Yo me sentí mal por mi hermano, quien, por el contrario, parecía tranquilo y sereno, continuando su camino como si nada hubiera pasado. Más adelante le pregunté: «Oye, ¿no oíste lo que te dijeron?».

«¡Déjalos, pobrecitos! –me respondió–. ¡Debemos rezar por ellos, para que se hagan buenos!».

En casa repetía a menudo algunos de los pequeños sermones que había hecho como prueba, en la Escuela Tipográfica, a sus compañeros, y entre ellas, el del pecado dejó una particular impresión.

Era la fiesta de Navidad o de Pascua: «Toda la familia estaba reunida y Mayorino fue invitado a subir a una silla para hablar, y habló, pero, con tanto entusiasmo y fervor, que hasta el padre –que no se conmovía fácilmente–, ese día, se emocionó y lloró. Todavía recuerdo esta precisa expresión de aquel sermón: «¡El pecado es como un cuchillo que traspasa el corazón de Dios!».

También recuerdo una pequeña conversación que tuvo lugar entre él y yo. Estábamos hablando un día de la incorruptibilidad del cuerpo de algunos santos; un tema que a mí me gustaba mucho y me interesaba. De repente, le pregunté: «¿Te gustaría que el Señor conservara tu cuerpo intacto después de la muerte?».

«Si el Señor lo quiere», me respondió con otras palabras que decían lo mismo: «Si el Señor lo quiere, sí; de lo contrario, si pudiera elegir, preferiría que mi cuerpo fuera destruido».

Yo, niña como era entonces y tan encariñada con mi hermanito, no quedé muy satisfecha con aquella respuesta, y entristecida pensé para mí: «El Señor ciertamente le concederá su deseo y, por eso, si él muriese antes que yo, después de su muerte ya no podría ver sus queridos rasgos», tal era el cariño que aquel angelito me inspiraba entonces.

Amó tanto la virtud de la pureza, que se convirtió en su adorno, de modo que huía incluso de la sombra del mal, y no recuerdo haber oído de su boca una palabra menos recta o burda. Siempre fue muy reservado en su persona, en el trato, en todo, en tiempos de salud y en tiempos de enfermedad.

Confirmo una vez más lo que se ha escrito sobre su caridad, obediencia, franqueza, desprendimiento, espíritu de sacrificio y mortificación[7]. Nunca le oí quejarse de la inclemencia de la estación; nunca por las privaciones y ni siquiera por los dolores que tuvo que sufrir en su última enfermedad, en la que se abandonó totalmente a la voluntad de Dios.

Durante el tiempo que estuvo enfermo en casa, tuvo el consuelo de ver varias veces al reverendo director, que venía a visitarlo y a tener noticias suyas y para traerle su

---

[7] Probablemente se refiere a los párrafos relativos al capítulo 5 («Virtudes») de esta biografía (páginas 89-113).

cálida palabra de padre, así como su santa bendición. Cuando, después de estas visitas, yo iba a su habitación, lo encontraba muy feliz y contento y él me decía: «¡Qué bueno es el señor Teólogo, dejar Alba aposta para venir a visitarme! ¡Cuántas cosas bonitas me ha dicho!», y comenzaba a contarme algunas de ellas.

Cuando se curó de su primera enfermedad, pidió y obtuvo permiso para ir a Alba a visitar a sus superiores y compañeros. Cuando regresó a casa por la tarde ¡cuál no era su entusiasmo! No dejaba de hablar de aquella santa Casa, de la acogida recibida, de las felices impresiones experimentadas al verse de nuevo entre aquellas benditas paredes, de la esperanza de volver allí pronto, para poder alcanzar su ideal de ser apóstol de la buena prensa y poder hacer así tanto, tanto bien.

Desgraciadamente no volvió a regresar, pues lo asaltó la que fue su última enfermedad; así que cuando volvió a acostarse, al principio no parecía nada grave. Pero una tarde, había ido yo a buscar leche donde una familia no muy lejana y, al volver a casa, encontré a mi madre en la ventana esperándome ansiosa y, en cuanto me vio, me dijo: «¡Rápido, Mayorino está delirando! Corre a ver a las Hermanas y consigue alguna cajita de aspirinas». Corrí de inmediato y, entre sollozos, logré hacerles entender que Mayorino estaba muy mal y que necesitaba aspirinas. Las buenas Hermanas me consolaron y, tras darme lo que pedí, prometieron que vendrían a la mañana siguiente a visitarlo y a prodigarle sus cuidados y su asistencia, como lo hicieron generosamente durante toda su enfermedad.

Mientras tanto, el caso se había agravado y se declaró una meningitis; fueron solo unos días, pero días de dolor y congoja para la familia y para los allegados. Recuerdo que, arrodillada en los peldaños de la escalera, le supliqué a Dios, con los brazos abiertos, que, si era su voluntad, sanara a mi hermano con un milagro; y prometí ser más buena. Pero los planes de Dios eran muy distintos. Aquel Jesús que había suscitado en el corazón de Mayorino tantos deseos de bien y de apostolado, ahora quería el sacrificio de su joven vida, de sus santas aspiraciones, de su ideal.

En aquellos días se hicieron más frecuentes las visitas prolongadas del director, del arcipreste y de las Hermanas, y con edificante piedad, Mayorino recibió el Santo Viático. Yo también estaba allí: lo miré durante largo rato, conmovida. Y fue por última vez; desde ese momento nunca más me dejaron verlo, ni siquiera después de muerto; no porque causara impresión, al contrario, sino porque temían que su recuerdo quedara demasiado vivo en mi memoria en detrimento de mi salud.

Al agravarse su estado, Mayorino pidió y recibió la Extremaunción, varias absoluciones y, después de algunos días de dolorosa agonía, en los que se multiplicaron las oraciones y las súplicas, el sábado hacia las tres voló al cielo.

A nosotros, los pequeños, no querían que se nos diera la noticia, pero nos fue fácil adivinarla por la expresión del padre en nuestra presencia; nos enviaron a casa de unos conocidos durante ese medio día, pero no podíamos hacer más que llorar y, después de unas horas, tuvieron que llevarnos de nuevo a casa.

Al día siguiente de la muerte, es decir, el domingo, alrededor de las ocho de la mañana, nuestra madre estaba en la habitación alrededor de la pequeña cama donde yacía el frío cadáver. Había también algunas religiosas que acababan de adornar el blanco lecho con rosas y lirios y rezaban algunas oraciones, dirigiendo de vez en cuando palabras de consuelo a la madre. De repente, ella vio que los labios de Mayorino se movían y se tornaban suavemente en una celestial sonrisa, y, después de permanecer así unos instantes, se cerraban lentamente y volvían a estar como antes. La madre se quedó asombrada y, lanzando una fuerte exclamación de alegría, dijo: «¡Se ríe! ¡Se ríe! ¡Mirad, Hermanas...!».

Las Hermanas miraron rápidamente, pero ya no vieron nada; entonces comprendieron que era una sonrisa reservada entera y exclusivamente a su madre y, acercándose a ella, le dijeron en tono delicado: «Ya ve, su Mayorino habrá querido darle con una sonrisa la señal de que está en la alegría plena del bello Paraíso». Nuestra madre corrió inmediatamente a contarnos lo sucedido, y no puedo creer que fuera un momento de exaltación ni de alucinación, no, porque recuerdo bien que el dolor de mamá no era para nada histérico, sino cristianamente sereno y resignado.

Hermana M. Delfina
María de Sufragio

La maestra Pierina Pusineri

Esta es, a continuación, la declaración de la profesora Pierina Pusineri, docente de la escuela primaria de Mayorino.

Cuando se le pidió información sobre la vida del joven, se recibió esta breve pero elocuente respuesta:

Del querido y vivaz muchacho, Mayorino Vigolungo, que fue mi alumno durante el tiempo que pasé en Benevello, no me queda nada, absolutamente nada –de cuadernos o fotografías...–, excepto la grata imagen grabada en mi corazón y el dulce recuerdo de haber sido su maestra, así como la dulce esperanza de que desde el cielo se preocupará por mí ante el Altísimo e implorará para mí gracias y favores.

Su hermana Rosina

Pero escuchemos ahora a la otra hermana del querido joven[8], que nos da más o menos los mismos detalles que la hermana religiosa:

En cuanto a mi querido hermano, con mucho gusto hago lo que puedo, teniendo en cuenta que cuando él era pequeño, yo solo era dos años y medio mayor que él. Me parece que lo escrito en el libro es suficiente para ilustrar la inteligencia, la buena voluntad y el corazón delicado del pequeño Mayorino, y que es inútil agregar nada más.

Sin embargo, añado que, aunque nuestros padres estaban contentos con él, y alardeaban de su aguda in-

---

[8] Se trata de Rosina, la hermana mayor, nacida el 6 de noviembre de 1901. Cuando dio el testimonio, ya estaba casada en Turín con el señor Gabetti; de ahí el apellido de la firma.

teligencia, tenían mucho miedo, especialmente nuestra madre, de que, dado su carácter vivaz, acabara mal. También él tenía alguna pequeña espantada, como todos los niños, pero cuando le regañaban estaba dispuesto a pedir perdón y a prometer que se portaría mejor, que incluso llegaría a ser santo.

* * *

Recuerdo que en su primer año de escuela le regalaron una imagen de san Expedito. Quiso que se la explicaran y, mirándola a menudo, decía: «Quiero llegar a ser santo como san Expedito». También recuerdo que a veces se subía a las sillas y repetía tan bien los sermones que había escuchado en la iglesia que asombraba a todos los que lo oían. Otras veces improvisaba pequeños sermones según le dictaba el corazón, sacando razones y conclusiones que iban mucho más allá de su edad. También sabía darnos consejos a mí y a nuestro hermano Juan.

Tenía una gran pasión por el estudio: entre otras cosas recuerdo que, estando yo en la escuela, salió de casa solo, descalzo, en mangas de camisa –tenía apenas cinco años– y, sin avisar a nadie, fue a llamar a la puerta de la escuela diciéndole a la maestra que quería leer y escribir...

Tuve que llevarlo después a casa, todo lloroso.

Varias veces oí a amigos y a la maestra decir: «Este niño está dotado de una gran inteligencia, pero es demasiado vivaz, es decir, tiene excesiva energía, o tendrá gran éxito o acarreará muchos disgustos». Un día fuimos a la casa del padre Attilio (ya fallecido). Le preguntó qué le gustaría hacer cuando fuera mayor; estuvo un poco perdido en sus pensamientos.

—¿Trabajarás los campos?

Mayorino hizo señal de que no.

—¿Quieres ser cura?

—Sí, me gustaría, pero los sacerdotes llevan sotanas, y a mí me gusta llevar pantalones para ser un hombre.

El padre Attilio intentó, entonces, tranquilizarlo con buenas palabras, añadiendo que también los sacerdotes llevan pantalones.

Cuando regresó a casa, inmediatamente le dijo a nuestra madre que quería ser cura.

Mayorino rezaba de muy buena gana y sin vergüenza. Desde que aprendió a recitar las oraciones, las rezaba siempre con gran constancia, teniendo como máximas las tres Avemarías, recomendándonoslas también a nosotros...

G[abetti] Rosina

Apéndice V
Cronología

6 de mayo de 1904: Nace Mayorino en Benevello (Cúneo), hijo de Francisco Vigolungo y Secundina Caldellara.

8 de mayo de 1904: Mayorino recibe el sacramento del Bautismo.

Año 1910: Recibe el sacramento de la Eucaristía.

20 de mayo de 1913: Recibe el sacramento de la Confirmación en Lequio Berria (Cúneo).

15 de octubre de 1916: Ingresa en la Escuela Tipográfica Pequeño Obrero, pequeño grupo del padre Santiago Alberione.

Primavera de 1918: Enferma de pleuritis y más tarde de meningitis, por lo tiene que regresar a Benevello.

27 de julio de 1918: Muere en Benevello, ofreciendo su vida por la buena prensa.

12 de diciembre 1961: Se abre en Alba el proceso de beatificación y canonización.

1 de mayo de 1963: Los restos de Mayorino son trasladados solemnemente al templo de San Pablo, en Alba, donde reposan actualmente.

26 de septiembre 1963: Conclusión del proceso diocesano.

16 de febrero de 1988: La sesión plenaria de cardenales y obispos de la Congregación de las Causas de los Santos declaran la heroicidad de las virtudes de Mayorino.

28 de marzo de 1988: El papa Juan Pablo II firma el documento que reconoce las virtudes heroicas de Mayorino Vigolungo y lo proclama venerable.

Apéndice VI
Oraciones para pedir la glorificación de Mayorino

El día 28 de marzo de 1988, el papa san Juan Pablo II promulgó el decreto con el que Mayorino Vigolungo fue declarado venerable. Para que sea proclamado beato y después santo, es necesario que se verifiquen dos milagros –uno para cada fase del proceso–, realizados por su intercesión y comprobados por la Iglesia. Por eso es necesario que se pidan esos milagros. Para facilitar ese propósito, ofrecemos tres oraciones, que se pueden adoptar a elección. La primera fue compuesta por el mismo padre Alberione en 1919. Posteriormente aparecieron otras fórmulas:

Oh Padre celestial, que ya mostraste tu bondad infundiendo en el pequeño Mayorino el conocimiento de las cosas sagradas, una ardiente sed de perfección y un sabio ardor por el apostolado de la prensa, dígnate glorificarlo, si tal es tu voluntad, también en la tierra, concediéndonos, por su intercesión, las gracias que te pedimos. Por los méritos de Jesucristo, nuestro Señor. Amén.

* * *

Te damos gracias, Jesús Divino Maestro, por haber infundido en Mayorino Vigolungo un santo espíritu de oración, delicadeza de conciencia, ardiente deseo de la perfección cristiana e inteligencia para el apostolado de la prensa.

Dígnate, Maestro Divino, a que nuestras almas estén iluminadas por la fe, sedientas de perfección, inflamadas en el espíritu de oración, para que hagamos nuestro el propósito de Mayorino: «Progresar un poquito cada día».

Si fuera para tu gloria y para bien de los hombres, te rogamos que nos concedas que sea glorificada en la tierra esta pequeña flor de virtudes, que su protección se extienda sobre nosotros y que recibamos las gracias que te pedimos.

* * *

Padre, te doy gracias por haber llamado al joven Mayorino Vigolungo a difundir tu Palabra por medio de la «buena prensa», y por haber infundido en él un ardiente deseo de santidad y un amor tan grande al apostolado de la comunicación social, que por él llegó a ofrecer su misma vida. Te pido que glorifiques en la Iglesia a este apóstol tuyo, alegría y modelo de adolescentes y jóvenes, para que, siguiendo su ejemplo, sepan orientar cristianamente sus opciones en este tiempo caracterizado por la comunicación global y multimedia. Y por intercesión de Mayorino, concédeme, Padre, la gracia que ahora te pido...

Índice